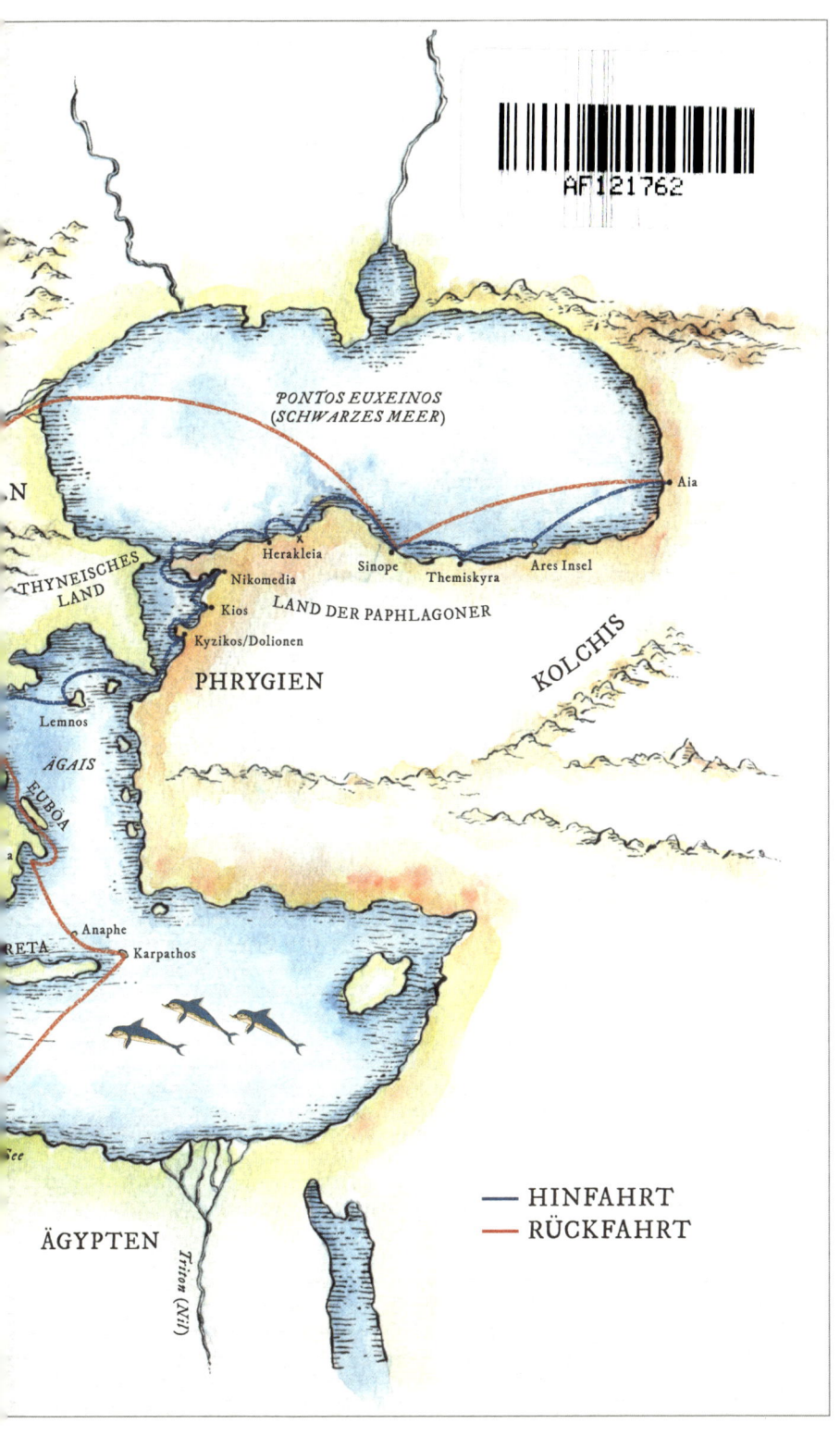

DIE AUTORIN
Andrea Marcolongo, geboren 1987 in Crema/Italien, hat Klassische Philologie studiert. Bereits ihr erstes Buch *Warum Altgriechisch genial ist* wurde zum internationalen Bestseller mit über 300.000 verkauften Exemplaren.
Sie schreibt regelmäßig für „La Stampa" und „La Repubblica" und lebt derzeit in Sarajevo.

Andrea Marcolongo

DAS MEER, DIE LIEBE, DER MUT AUFZUBRECHEN

Was uns die Argonautensage erzählt

Aus dem Italienischen von Karin Fleischanderl

TransferBibliothek
FolioVerlag

Inhalt

Heldentum	7
Das Meer, eine uralte Sprache	11
Mir kann das nicht passieren	16
Sei bereit	27
Zeit auszulaufen	34
Sich über Wasser halten	42
Wind und andere Zwischenfälle	60
Zur See fahren	78
Verzauberung	91
Wie man loslässt	101
Heldentum	115
Zärtlichkeit	126
Antikes Familienlexikon	137
Das Goldene Vlies, unser Ziel	153
Das Paradox der Einsamkeit	158
Unser Boot	167
Nostos oder die Heimkehr	172
Im Falle eines Schiffbruchs	183
Ein neuer Hafen	203

Epilog: Die Schiffe hinter uns verbrennen............................ 215
How to Abandon Ship... 221
Bibliografie 235

Heldentum

Für alle, die das Unglück ablehnen
Und den Mut haben, zum ersten Mal
Oder noch einmal in See zu stechen.
Für alle, die den Mut haben,
sich zum ersten Mal oder
noch einmal zu verlieben.
Sie sind Helden.

Für Sarajevo,
das nicht am Meer liegt,
für mich jedoch ein Hafen ist.

Οὐδεὶς οὕτω κακὸς ὄντινα οὐκ ἂν αὐτὸς ὁ Ἔρως ἔνθεον ποιήσειε πρὸς ἀρετήν, ὥστε ὅμοιον εἶναι τῷ ἀρίστῳ φύσει. Καὶ ἀτεχνῶς, ὃ ἔφη Ὅμηρος, μένος ἐμπνεῦσαι ἐνίοις τῶν ἡρώων τὸν θεόν, τοῦτο ὁ Ἔρως τοῖς ἐρῶσι παρέχει γιγνόμενον παρ' αὐτοῦ.

Denn was den Menschen, welcher sein Leben schön und würdig zubringen will, durch sein ganzes Leben leiten muss, das vermögen ihm weder Verwandtschaft noch Ehrenstellen, noch Reichtum, noch irgendetwas anderes in dem Maße zu gewähren wie die Liebe. […] kurz, was Homer sagt, dass ein Gott diesem oder jenem Helden Mut eingehaucht habe, das gewährt Eros den Liebenden allen.

PLATON, *Das Gastmahl*

Warum treibt es den gesunden Menschen mit gesunder Seele nach dem Meere? Warum empfindet man auf der ersten Seereise eine geheimnisvolle Erschütterung, wenn man von dem Schiff aus das Land nicht mehr sieht?

HERMAN MELVILLE, *Moby Dick*
Übersetzt von WILHELM STRÜVER

Das Meer, eine uralte Sprache

Das Meer spricht zu uns in einer uralten Sprache.
Seine Worte sind eine zu entziffernde Landkarte.
Es hat kein Ende, sondern unendlich viele Anfänge, die sich Horizonte nennen.
Es kennt die Kunst der Verzauberung, des Staunens, der Angst, der Ungeduld und des Wartens.
Es verschluckt Schiffe, bietet Gaben an, überrascht mit Häfen, die auf Karten, die von anderen – nicht von uns – gezeichnet wurden, nicht aufscheinen.
Seine Wellen sind sanft und seine Stürme grausam; sein Wasser ist salzig wie der Schweiß der Mühsal, wie Lachtränen, wie Tränen der Trauer.
Das Schiff ist wunderschön und auf dem Rumpf steht in weißer Farbe dein Name. Auf dieser Reise bist du einfach du.
Bald wirst du deinen Hafen erreichen, er ist der Grund, warum du die lange Reise auf dich genommen hast. Bei der Ankunft erwartet dich ein neues Leben, ein Leben, das du dir immer gewünscht hast, bevor du die Herausforderung der Abreise auf dich genommen hast.
Ein Leben lang hattest du Angst zu fragen, was dir bevorsteht.
Aus diesem Grund bist du aufgebrochen: Um nicht länger *inopportun*, fehl am Platz zu sein, beziehungsweise ohne einen Hafen, einen *portus,* in dem du wirklich du sein kannst. Und um

die, die du liebst, und das, woran du glaubst, nicht zu *importunieren* – nicht in Verlegenheit zu bringen, nicht zu verwirren. Um nicht länger *entwurzelt* herumzuirren, sondern um ein Land, einen Ort zu finden, wo deine Gedanken Wurzeln schlagen können.

„*Du musst durchhalten.*" Alle legen dir die falsche Kraft der Resignation nahe, während du dir doch nur erlauben wolltest, schwach zu sein, nicht länger mögen zu müssen, was du nicht magst, was dich nicht glücklich macht.

„*Du verlangst zu viel vom Leben*", sagen alle immer wieder zu dir, während du doch nur verlangst, als das ernst genommen zu werden, was du wirklich bist.

Da hast du eine Entscheidung getroffen, du hast das Richtige vom Leben verlangt und bist aufgebrochen.

Die Kraft zur Entscheidung rührt oft daher, dass man nicht weiterleben kann, ohne diese Entscheidung getroffen zu haben.

Unsagbar sind die Farben des Meeres, denn unbeschreiblich ist auch das Licht, das es tagsüber entzündet – transparent, blau, glasklar, perlfarben –, sowie das Licht, das es nachts zum Verschwinden bringt – schwarz, weinfarben, mondhell.

Das Meer kennt das Gesetz des Gleichgewichts zwischen Anwesenheit und Abwesenheit, das dir so oft entgeht und dich in Erwartung dessen, was du – noch – nicht kennst, zermürbt. Und was du noch nicht bist.

Im Italienischen ist das Meer ein Vater, *il mare*.

Im Französischen eine Mutter, *la mer*.

In den slawischen Sprachen ist es sächlich, *more*.

Alle Frauen, alle Männer, alle Gedanken bewohnen unsere Häfen, die, die am weitesten entfernt sind, und die, die uns am nächsten sind. Das Meer ruft und wir müssen uns in dem Fundus der Rollen, die wir jeden Tag gleichzeitig spielen, immer wieder neu einkleiden – als ungeduldige Männer, geliebte Kinder, besorgte Mütter, treue Freunde, frisch Verliebte, rebellische Jugendliche, weise Frauen, freche Kinder, als die Fantasien der anderen.

Unsere Ichs sind gleichzeitig aufgespannt wie ein Segel: Ich, *io* im Italienischen, wie das Suffix *-io* am Ende der Worte, die eine lange andauernde, noch nicht beendete Aktion beschreiben. Worte, die unseren Zustand beschreiben, den wir selbst nicht kennen, wenn wir unentschlossen etwas tun, was noch kein Ende gefunden hat – *mormorio* (Gemurmel), *ronzio* (Gesumme), *logorio* (Zerrüttung), *brontolio* (Murren).

Proust hatte unrecht, auf Reisen gibt es keine *verlorene Zeit*. Es gibt nur eine *wiedergefundene Zeit,* denn wir entdecken jeden Tag aufs Neue, was wir *sind* – nicht das, was wir waren oder was wir sein werden.

Die Wirklichkeit, die sich entfaltet und anknüpft und mit ihrer Veränderung auch uns verändert.

Das Bewusstsein dieser Wirklichkeit verbirgt sich hinter der Schattenlinie, die jede Entscheidung mit sich bringt.

Das Meer fordert von dir, dich zu entscheiden, wohin du fährst und warum.

Du kannst es ignorieren, du kannst erklären, du seiest zu beschäftigt, vielleicht siehst du das Meer nicht einmal, das mit fernen Worten zu dir spricht.

Vielleicht hast du Angst davor, vielleicht liegst du gemütlich auf einem Liegestuhl am Strand und lachst es aus.

Doch es wird immer ein Meer geben, das dich ohne Vorwarnung, ohne einen Veränderung ankündigenden Wind geduldig dazu bringt, die elementare Geste zu wagen, zu der jedes menschliche Wesen fähig ist: über die Schwelle zu treten und einen Schritt hinüber zu machen.

Beziehungsweise *in* dein Leben.
In dein Inneres.

Unweigerlich kommt die Reise, die die Menschen auffordert, aufzubrechen, schrieb Apollonios von Rhodos, der Verfasser von *Die Fahrt der Argonauten.*

Als junger Mann rechnete Jason nicht damit, aufgefordert zu werden, als Erster, mit dem ersten Schiff, das von Menschen gebaut wurde – der Argo –, übers Meer zu fahren. Medea, noch ein junges Mädchen, rechnete in ihrem fernen Hafen nicht damit, dass sie sich in einen Fremden verlieben würde.

Er brach auf, um nach Hause zurückzukehren und seinen Vater zu retten; sie stieß ihren Vater zurück, brach auf und kehrte nicht mehr nach Hause zurück. Beide entschieden sich für das Meer und kamen verändert an ihr Ziel: nicht mehr als Kinder, sondern als erwachsener Mann und erwachsene Frau, als Helden vielmehr.

Für die Griechen war ein Held jemand, der seine innere Stimme zu hören verstand, der Vertrauen zu sich hatte und die Prüfung bestand, die jedem menschlichen Wesen abverlangt wird: sich selbst treu zu bleiben.

Siege und Niederlagen sind absolut nicht der Maßstab des Heldentums: Seit Jahrtausenden ist der ein Held, der über sein Leben entscheidet. Und das ist ein hoher Anspruch, denn davon hängt sein Glück ab. Wenn Platon im *Theaitetos* schrieb, „Denken ist das Selbstgespräch der Seele", dann besteht der revolutionäre Ansatz der griechischen Philosophie darin, das anzusprechen, was wir allzu oft zum Schweigen bringen. Zu unserem Inneren zu sprechen, um eine Entscheidung treffen zu können, uns so zu lieben, wie wir in unserer innersten Reinheit sind.

Heutzutage legen wir uns die Latte oft viel zu tief, ganz knapp über dem Boden, in der Überzeugung, dass uns nicht mehr zusteht, dass unsere Träume schon durch die äußeren Umstände – von der Wirtschaftskrise bis zum Urteil der anderen – bereinigt werden müssen, und so wünschen wir uns nichts mehr – im Namen einer falschen Ruhe, aufgrund der wir nichts ändern, nichts mehr planen wollen.

Der Begriff *Held* ist derart zur Floskel verkommen, dass er nur noch für *Winner* taugt, für die Protagonisten spektakulärer Events wie Ted Talks oder Reality Shows, und wir vergessen, dass wir alle das Zeug zum Helden haben. Das kann man allerdings nur wiederentdecken, wenn man übers Meer fährt. Gemeinsam mit der Liebe, die immer der zündende Funke des Heldentums jedes Einzelnen ist, denn sie legt unsere innere Latte ganz hoch.

Medea und Jason waren die ersten.

Sie sind Ausgangspunkt und Ziel jeder menschlichen Reise.

Kaum sind die Segel der Argo gespannt, stechen wir Tag für Tag in See, kämpfen gegen Wind und Sturm, um ans Ufer zu gelangen oder verändert zurückzukehren, wobei wir über die Schattenlinie treten oder unsere Schwelle überschreiten.

Schwelle wie das italienische Wort *uscio; uscio* wie *uscire*, hinausgehen. Dem entgegenzugehen, was passiert. Türen sind hauptsächlich dazu da, geöffnet zu werden, um Licht, Wind, die anderen hineinzulassen.

Segelst nicht auch du, wie wir alle – wir zeitgenössischen Argonauten – über die Meere, die uns, egal in welchem Alter, davon abhalten, erwachsen zu werden?

Mir kann das nicht passieren

Auf dem Meer fühlst du dich sicher.
Nichts von dem, was dich am Ufer beunruhigte,
　　　　　　　　　　　　ist mehr da.
Du sagst zu dir selbst:
„Mir kann das nicht passieren."
Diese Worte sind so tröstlich, dass sie einschlä-
　　　　　　　　　　　fernd wirken.
Langsam gleitest du in eine ruhige Apathie.
Alles ist so weit weg.
Nein, es kann nicht passieren.
Dir nicht.

In seinem *Buch der Unruhe* schrieb Fernando Pessoa, *Wir leben alle in dieser Welt an Bord eines Schiffes, das aus einem Hafen ausgelaufen ist, den wir nicht kennen. Es ist unterwegs zu einem Hafen, von dem wir nichts wissen. Wir müssen füreinander die Liebenswürdigkeit gegenüber Reisebekanntschaften aufbringen.*

Auch ich war immer schon unruhig. Ich mag das Gewellte – die Hügel am Meer, nicht die Ebene am See. Und auch ich bin viel gereist, bevor ich den Mut fand, dieses Buch zu schreiben: nicht nur in horizontaler Richtung durch unbekannte Städte und Länder, sondern vor allem in die Tiefe: ins Innere der Menschen, unter die Oberfläche ihrer Worte, Blicke, Gesten.

Mit dreißig Jahren befand ich mich an Bord eines Schiffes, das von einem unbekannten Hafen, der Literatur, ausgelaufen war.

Ich habe nur deshalb den Mut gefunden, über das unbekannte Meer zu fahren, weil ich der *Liebenswürdigkeit* begegnet bin, von der Pessoa schreibt und mit der mich meine Reisegefährten empfangen und unterstützt haben: meine Leser – auch Sie, die Sie mich zum ersten Mal lesen und erfahren, welche Bekanntschaften ich auf der Reise zwischen meinen beiden Häfen gemacht und was ich gelernt habe.

Aus Dankbarkeit für Ihre Neugier, für Ihre Diskretion, für die Bereitschaft, sich in der Gegenwart mithilfe dessen zu orientieren, was seit jeher als alt, also veraltet gilt, habe ich wieder zu schreiben begonnen. Um all die Fragen, die Sie mir gestellt haben, sorgfältig und ausführlich zu beantworten. Und um zu versuchen, die Antworten zu finden, die ich vielleicht auch jetzt nicht kenne und die nie endgültig sein werden, wie es bei den schönen und unergründlichen Dingen des Lebens immer der Fall ist.

Gibt es in unserer Zukunft noch Platz für die Vergangenheit? Was verwandelt die persönliche Erinnerung in kollektives Gedächtnis, das in der Lage ist, die zeitgenössische Einsamkeit zu besiegen? Warum wollen wir alle frei sein, haben jedoch eine seltsame Angst vor der Freiheit, wenn sie wirklich eintritt? Und warum muss die Angst unbedingt ein Gefühl sein, für das man sich schämt, warum akzeptieren wir sie nicht als wichtigen Überlebensinstinkt, der uns zwingt, uns zu verändern, um uns in Sicherheit zu bringen? Was soll man tun, wenn das Leben uns die Möglichkeit bietet, nach unserer Fasson und nicht nach der der anderen zu leben? Einen Beruf ausüben, heißt schließlich *seinen Lebensunterhalt verdienen* und nicht, sich im Namen einer Arbeit und einer von anderen definierten Perfektion das Leben mit Ängsten und Sorgen zu ruinieren. Welcher Unterschied besteht zwischen vernetzt und vereint sein und warum haben wir uns in der ganzen Geschichte der Menschheit noch nie so einsam gefühlt? Ist dies die Epoche der unbegrenzten Vernetztheit oder des ständigen Unterbrochenwerdens?

Diese Fragen haben Sie mir unter anderem gestellt. Ich habe beschlossen, den Faden, der mich mit Ihnen verbindet, festzuhalten, als wäre er das Kostbarste, was ich besitze. Und ich habe beschlossen, mich mit der Erfahrung der Veränderung auseinanderzusetzen, von der Überschreitung der Schattenlinie zu sprechen, die zwischen Kindheit und Erwachsensein liegt.

Dieses Buch handelt also nicht vom Meer, das ich unendlich liebe und ohne das ich nicht leben könnte, und auch nicht von der Schifffahrt, von der ich nur das weiß, was die Literatur darüber erzählt. Es handelt vielmehr von der schwierigen und doch so effektiven Kunst, sich auf eine Reise zu begeben und sich zu überwinden, um erwachsen zu werden, egal, wie alt man ist, denn das Leben kommt nie zum Stillstand – allenfalls kommen wir zum Stillstand.

Es handelt von dem, was passiert, wenn wir uns auf dem Festland des Lebens entscheiden müssen, das im Grund gar nicht so fest ist, sondern sich ständig verändert, auch wenn wir das nicht wollen – und wir mit ihm. Das tut es mithilfe moderner Worte, die alten Ursprungs sind, mithilfe von Mythen und Legenden, die seit jeher glasklar den Sinn der Dinge beherbergen, die alle menschlichen Wesen einen.

Ich möchte Sie im einzigartigen Augenblick der Entscheidung mit Metaphern im ursprünglichen Sinn des Wortes begleiten. Sie in der Art einer Metapher – eines altgriechischen Wortes, das aus der Präposition μετα (*meta* = durch) und dem Verb φέρω (*féro* = tragen) besteht – an der Hand nehmen und durch unsere alltäglichen, intimen Gefühle führen. Wie im Neugriechischen, in dem Fahrzeuge μεταφοράς *(metaphoràs)* heißen – auf den Straßen von Athen bewegt man sich inmitten von *Metaphern*, die Blumen ausliefern.

Mithilfe der Argonautensage und der Worte des Meeres möchte ich Sie über diese Schwelle führen, die wir immer überschreiten müssen, wenn uns etwas Gewaltiges zustößt und wir uns für immer verändern. Wenn uns ein unbekannter Wind aus dem Dämmerschlaf weckt und wir uns immer wieder die Frage stellen: „Passiert das wirklich mir?"

Wir leben in einer Zeit, in der es nie genügend Worte zu geben scheint, in einer Zeit, in der wir Neologismen wie Münzgeld prägen, um einander zu verstehen und verstanden zu werden. Doch es sind armselige Worte, sie haben keinen Wert, sie rauben den Dingen ihren Sinn, anstatt ihnen einen neuen hinzuzufügen, und ihre unaufhaltsame Inflation macht uns immer nur ärmer statt reicher.

Nichtssagende Worte, reine Signifikanten, die einen Sommer lang funkeln wie ein Schlager, den wir im Radio hören und dabei etwas anderes tun – schon haben wir ihre Bedeutung vergessen, weil wir sie nie verstanden haben oder man sie uns nie erklärt hat.

Und so suchen wir atemlos neue Begriffe, um das zu bezeichnen, was im Grunde schon seit jeher da ist und das wir seit jeher erleben, von dem wir aber nicht mehr sprechen können.

Ständig heißt es, wir müssten die Sprachen erhalten und vor geheimnisvollen Feinden ohne Antlitz und Namen – Eindringlingen, Eroberern, Fremden – verteidigen.

Und während wir einen imaginären Saboteur von den Dimensionen eines Seeungeheuers bekämpfen und dabei Grammatikbücher schwenken oder dem Internet die Schuld geben, entgleiten uns die existierenden Worte immer mehr, als ob die Zeit des Sagens und des Wissens uns in der Sanduhr der Gegenwart entrinnt.

Die Pegel des Meeres, der Verwirrung, des chaotischen Lärms steigen immer weiter, und auf unserem Ufer gibt es immer weniger

Sand, auf dem wir uns ausstrecken und endlich miteinander reden könnten.

Wir haben das Gefühl, die Worte entgleiten uns aus Sorglosigkeit oder Nachlässigkeit, wie ein Schirm, der an einem Regentag gleichgültig in einer Ecke stehengelassen wurde.

Die Schuld für unser armseliges Dasein geben wir den sozialen Netzwerken, den Emojis am Handy, wir bezeichnen die Kunst Homers als *storytelling* und Werbung als *Kommunikation* und verbuchen selbst Marketing unter *lifestyle*.

Gesenkten Hauptes akzeptieren wir ein modernes *ipse dixit*, doch wir erkennen nicht mehr, wer was gesagt hat, wir glauben alles und allen, ohne die Mühe auf uns zu nehmen, es zu überprüfen.

Wenn uns eine Information dennoch als unglaubwürdig erscheint, bezeichnen wir sie als *fake news*, gehen allerdings gleich zur nächsten Nachricht über, ohne zu ergründen, wie und warum sie falsch ist, und ohne sie mit einem Wort zu bezeichnen, das Kinder sehr früh lernen: *Lüge*.

Wir verwechseln die Politik mit der Verwaltung von Schlaglöchern und Müllcontainern, uns fehlt die Weltsicht, wir navigieren im Nebel, immer einsamer und ohne Steuermann, in Dantes *Fegefeuer* verbannt.

Wir trauen niemandem mehr, schon gar nicht uns selbst, wir suchen Lehrer, die uns erklären, wie wir uns zwischen den Tutorials auf YouTube zurechtfinden sollen, während wir denjenigen, die tatsächlich Erfahrung haben, misstrauen, weil sie alt sind.

Wir verhalten uns wie Autofahrer im Verkehr, mit der Hand ständig auf der Hupe, um uns Platz zu verschaffen, anstatt uns dem Nächsten zu nähern und ihn anzuhören. Wir gehen dem Unerwarteten aus dem Weg, um erleichtert sagen zu können, wir würden nichts Gutes oder Neues mehr erwarten, *„denn es bringt ohnehin nichts, es bleibt ohnehin alles gleich"*.

Wir zeigen anklagend mit dem Finger auf die Technik, als wäre sie mit dem iPhone und nicht vor Tausenden Jahren mit der Erfindung des Rades entstanden. Dabei vergessen wir, dass ein Handy nicht an unserer Stelle kommuniziert, so wie ein Wagen nicht ohne unsere Hilfe das Ziel erreicht – wir sitzen am Steuer und verfluchen das Navi, wenn wir uns verirren.

Wir brauchen Regeln, sogar Gesetze und Gerichtshöfe, um Liebe und Hass empfinden zu können – reine Gefühle, die die Griechen im Theater mithilfe von Tragödien und Komödien auslebten.

Wir, Männer und Frauen, laufen vor Worten davon, vermeiden sie, verwenden sie so wenig wie nur möglich, als ob sie gefährlich wären. Als ob wir uns die Hände verbrennen würden, wenn wir sie halten, oder den Empfänger damit verbrennen könnten. Als hätten wir Angst davor, dass wir zeitversetzt die Unwirklichkeit dessen übermitteln, was wir nicht sind, nicht die Wirklichkeit dessen, was wir wirklich sind. Wir sind die ersten, die absichtlich Worte vermeiden, denn sie würden uns zwingen, ehrlich, genau und gefühlvoll von uns zu sprechen.

Sind wir wirklich immer und ausschließlich total traurig oder total glücklich? Besitzen wir nur zwei Worte, um unsere Gefühle zum Ausdruck zu bringen?

Warum leben wir alle an Bord eines Schiffes, in dem es Verhältnisse statt Beziehungen und kein maßvolles Sprechen mehr gibt, sodass wir alle total reich oder total arm an Worten sind? Warum sind wir keine Menschen mehr, sondern im besten Fall Individuen und im schlimmsten Fall Individualisten?

Wohin ist die Liebenswürdigkeit der Reisegefährten verschwunden, in der die Liebe zum Nächsten – der ebenfalls ein Reisender ist – aufgehoben ist und durch die wir – auch wenn wir nur ein einziges Wort wechseln – herausfinden würden, dass wir im Grunde auf ein und demselben Schiff unterwegs sind?

Nein, ich glaube nicht, dass wir die Sprache verlieren, wie Sie in Ihren Briefen geschrieben haben, und auch nicht, dass man eine alte Sprache kennen muss, um nicht wortlos vor dem Schauspiel des Lebens zu stehen.

Und noch weniger glaube ich, dass wir die Intensität des Liebens, Begehrens, Leidens verlieren, die Fähigkeit, uns Fragen zu stellen und Zweifel zu beseitigen, wie Sie befürchten.

Wir verlieben uns, hoffen, empfinden Schmerz wie Medea und Jason, doch heutzutage machen wir das lautlos, um nicht zu stören. Warum fragen die wenigen, die den Mut haben, zu telefonieren, statt eine Mail zu schreiben: *Störe ich dich,* anstatt zu fragen: *Wie geht's dir?*

Indem wir immer weniger Worte verwenden, um über uns zu sprechen, und wenn, dann immer dieselben, legen wir vielmehr eine Grenze für unsere Sprache fest. Die Grenzen unseres Sprechens werden immer enger und unsere Welt wird jeden Tag kleiner. Stummer.

Limes bedeutete im Lateinischen nicht nur *Grenze,* sondern auch *Querweg, Weg,* also *nicht befestigte Straße.* Heutzutage versuchen wir mit unseren Worten, sie nicht zu begehen. Aus Angst vor dem, was wir jenseits der Grenze finden könnten, überschreiten wir sie nicht.

Wir brausen auf der Autobahn der Banalität dahin.

Wenn das Reden die Macht hat, die Dinge wirklich zu machen, wer sind wir dann wirklich?

Lieber es nicht entdecken.

Und uns nicht entdecken lassen.

Keine Ahnung warum, aber wir haben mittlerweile Angst vor den Worten – nur dazu sind Grenzen gut.

Ausgesprochene, geschriebene oder auch nur gedachte Worte verbergen nicht.

Niemals.

Sie offenbaren.

Und mithilfe von Worten stellen wir uns nicht nur den anderen, sondern vor allem uns selbst dar, als würden wir uns immer, wenn wir einen Gedanken formulieren, bei einem sich ewig wiederholenden ersten Rendezvous einstellen.

Ich hoffe, dieses Buch hilft Ihnen, mehr zu lieben, mehr zu lachen, mehr vom Leben zu verlangen, die Angst vor Entscheidungen zu überwinden, wenn das Leben eine Stellungnahme von Ihnen verlangt. Und vor allem nicht die richtigen, sondern die eigenen Worte zu finden.

Im Grunde bedeutet Lesen, im Lateinischen *lego*, nichts anderes als auswählen. Nur dazu sind Worte gut: um sich auszuwählen.

Ich möchte Ihnen zwei Geschichten erzählen.

Die kürzere stammt aus einem englischen Handbuch vom Jahr 1942, *How to Abandon Ship*. Wie man von Bord geht.

In diesem Handbuch werden Ratschläge gegeben, wie man den Schiffbruch eines Frachters oder Ozeandampfers überlebt; während des Zweiten Weltkriegs waren derartige Schiffbrüche genauso dramatisch wie häufig.

Ich habe mich vor vielen Jahren auf einer Reise durch Kent in dieses Handbuch verliebt, ich habe es bei einem Trödler gekauft, es aus Liebe verschenkt, es mit der Liebe verloren.

Ich habe nicht klein beigegeben: Ich habe es noch einmal bei einem anderen Trödler gekauft.

Die Motti, die Sie in diesem Buch am Anfang eines jeden Kapitels finden, stammen aus diesem wunderbaren schmalen Buch, das ungeachtet des Titels für mich nicht ein Handbuch mit Ratschlägen zur Flucht, sondern vielmehr eine Sammlung von

Strategien ist, wie man die Schiffbrüche des Lebens übersteht und überlebt.

In den zahlreichen Kapiteln werden alle möglichen ausführlichen Ratschläge gegeben, etwa wie man ein Rettungsboot zu Wasser lässt oder auf hoher See hervorragenden Whisky braut, doch der erste Satz dieses alten Ratgebers lautet nicht zufällig: *This manual is concerned solely with human lives.* In diesem Ratgeber geht es nur um Menschenleben.

Die zweite Geschichte ist um einiges größer und bedeutender – ein Mythos, der sogar noch älter ist als der von Troja –, *den alle gut kennen,* wie Homer über die Fahrt des Schiffes Argo in Buch XII der *Odyssee* sagt.

Es handelt sich um die Fahrt der Argonauten, *Helden,* auf einem Schiff namens Argo, *deren Schatten Neptun staunen ließ* (wie Dante in der *Göttlichen Komödie, Paradies,* dreiunddreißigster Gesang, Vers 96 schrieb), dem ersten Schiff, das den Mythenforschern zufolge in See stach.

In den *Metamorphosen* (Sechstes Buch, Verse 719–721) widmete Ovid der Fahrt der Argonauten wunderschöne Verse:

> *Nun, da die kindliche Zeit vor dem Jünglingsalter gewichen,*
> *zog mit den Minyern* aus das Paar auf dem ersten der Schiffe,*
> *über entlegenste Flut nach dem Vlies mit der strahlenden Wolle.*

Ihre Abenteuer auf der Suche nach dem Goldenen Vlies wurden bereits in einem Mythos erwähnt, der aus der Zeit der Mykener, der ältesten griechischen Kultur, stammt.

---

* Minyer: Beiname der Argonauten, weil sie großteils diesem Volk angehörten. (A. d. Ü.)

Im Lauf der Jahrhunderte haben sich alle Leser von *Die Fahrt der Argonauten,* dem Epos des Apollonios von Rhodos, gefragt, was genau dieser geheimnisvolle, goldene Widder sei, auf dem die Geschwister Helle und Phrixos von Griechenland nach Kolchis geflogen waren – Helle war bei diesem Flug ins Meer gestürzt, ihr zu Ehren wurde diese Meerenge von nun als Hellespont bezeichnet.

Historiker, Philologen und Anthropologen vermuteten ein Bild für Kolonisierung, für Natur- oder Himmelsphänomene, religiöse Kulte oder Handelsbeziehungen.

Lauter plausible Antworten.

Lauter menschliche Antworten.

In diesen zynischen Zeiten, in denen Angst und Hass so geschickt benutzt werden, dass sie unsere Fantasie und unsere Liebe zum Versiegen bringen, habe ich eine der fantastischsten Geschichten der griechischen Mythologie, die der Argonauten, ausgewählt.

Heute, wo offenbar schon alles gesagt und gesehen wurde, ist die Fantasie ein zutiefst revolutionärer, wenn nicht gar politischer Akt. Und der Königsweg zur Fantasie ist ausschließlich die Liebe.

Um den Regisseur Guillermo del Toro bei den Filmfestspielen Venedig 2017 zu zitieren: *Unmöglich, dass sich die Beatles und Jesus in Bezug auf die Liebe geirrt haben.*

Und schon gar nicht die alten Griechen, füge ich hinzu.

Seitdem ich in einem Schulbuch die Geschichte von Jason und Medea gelesen habe, wollte auch ich eines Tages herausfinden, was das *Goldene Vlies* bedeutet – was für ein merkwürdiges Wort, wer sagt heute noch *Vlies* anstelle von *Fell?*

Natürlich habe ich es nicht herausgefunden.

Ich bin mir jedoch sicher, dass das Goldene Vlies das unbekannte Ziel einer jeden Fahrt darstellt, angefangen bei der ersten, jener der Argonauten. Denn Jason findet im fernen Kolchis nicht nur ein magisches Fell, sondern etwas noch Geheimnisvolleres: die Liebe Medeas.

Nur deshalb habe ich mich aufs Neue aufgemacht.

Und dieses Buch geschrieben.

Wieder einmal nur aus Liebe.

Sei bereit

> B. A. Baker, der dritte Offizier des Frachters *Prusa*, rät: Das Wichtigste für einen Seenotretter ist, den Geist zu trainieren. Konzentrieren Sie sich darauf, nicht aus der Fassung zu geraten, und halten Sie daran fest.
> Sagen Sie niemals: „Ich habe keine Angst", denn Sie werden Angst haben. Wenn das Schiff von einem Torpedo getroffen wird, verspüren Sie Panik in der Magengrube und die Knie werden weich. Dagegen gibt es nur ein Mittel: handeln.

Kolchis war so weit entfernt, *wie man zwischen dem Untergang und dem Aufgang der Sonne schauen kann*, erzählt Apollonios von Rhodos gleich am Anfang seines Epos.

Jason wusste weder, wo Kolchis lag, noch, wie er dorthin gelangen sollte, doch er wusste, warum er aufbrechen musste und wollte – ein *Begehren* treibt die Männer, *mit dem Schiff über die Salzflut zu fahren*.

Seine Aufgabe bestand darin, das Goldene Vlies, das im Besitz des grausamen Aietes war, der über ein fernes Reich im Osten, das heutige Georgien, herrschte, nach Griechenland zurückzubringen.

Jason war noch ein Junge und vor allem ein Sohn: Noch nie davor hatte er das Elternhaus verlassen.

Sein Vater war der große Aison, der König der Stadt Iolkos in Thessalien in der Nähe des heutigen Volos: Hier lebte er glücklich, bis sein Onkel, der grausame Pelias, den Thron an sich riss.

Kein Erwachsener hätte wohl Pelias' Aufforderung *Bring das Goldene Vlies zurück, dann lasse ich deinen Vater frei* ernst genommen, nur ein Junge, der weder Lebenserfahrung besaß noch jemals Bekanntschaft mit dem Meer gemacht hatte, nahm sie ernst.

Pelias sagte, *Schauen wir mal, ob es dir gelingt*, doch das war bloß eine List, um diesen Jungen loszuwerden, der fest entschlossen war, den Thron seines Vaters zurückzuerobern, ein Scherz, den keiner sonst aufgegriffen hätte.

Alle sagten, es sei ein unmögliches Unterfangen.

Niemand glaubte, dass Jason nach Thessalien zurückkehren würde: Zu viele Gefahren verbargen sich im Meer, zu viele unbekannte Völker befanden sich entlang des Weges, zu fremd und zu weit entfernt war Kolchis.

Alle dachten, er wäre auf immer verloren, und beweinten ihn schon jetzt.

Keiner hätte den Aufbruch gewagt.

Allerdings hatte ihn auch noch nie jemand versucht.

Das Schiff Argo war wunderschön, *das vorzüglichste von allen Schiffen, welche auch immer es mit Ruderarbeit auf dem Meer versuchten*, aber Athene hatte es nicht geschaffen, damit es im Hafen vor Anker lag.

Das erste von Menschenhand, von einem Zimmermann namens Argos gebaute Schiff wartete schon zu lange.

Die Göttin Hera würde über die Schifffahrt wachen, sie trieb der Mannschaft den Steuermann Tiphys zu, der *tüchtig darin* war, *die Wirbel des Windes vorher zu bemerken und die Fahrt aus der Sonne und einem Stern vorauszusagen*.

Argo war gebaut worden, um ins Unbekannte aufzubrechen und dann nach Hause zurückzukehren.

Sie wartete nur darauf, dass jemand bereit war, in See zu stechen.

Argo wartete auf jemanden wie Jason.

Aus Angst vor dem, was noch kein anderer vor ihm gewagt hatte, bat der Junge seine engsten Freunde um Hilfe. Und sie ließen ihn nicht im Stich.

Aus ganz Griechenland kamen ihm fünfzig Männer zu Hilfe. Unter ihnen die beiden Dioskuren, Kastor und Pollux, die Boreas-Söhne Zetes und Kalais, *mit schwarzen Flügeln an den Füßen, die mit goldenen Schuppen glänzten,* der Dichter Orpheus, der Seher Mopsos, der für seine Kraft und seinen Mut berühmte Herakles.

Auch Akastos, der Sohn des übelwollenden Pelias, beschloss, nicht im Haus seines Vaters zu bleiben.

Viele Jahrhunderte später würdigte Pindar in der *Vierten pythischen Ode* ihren jugendlichen Mut mit rührenden Worten:

> *Solchen all bewegenden Trieb zu dem Kiel*
> *Argo facht' in den Heldenherzen*
> *Hera an, dass keiner der Männer daheim*
> *bei der Mutter blieb', ein bequemes gefahrlos*
> *Leben fristend, sondern, und sei's um den Tod,*
> *seines Heldenthumes Befriedigung aufsucht'*
> *unter Jugend-Kameraden. (303–309)*

Am Ufer zu bleiben, während das erste von Menschenhand gebaute Schiff in See stach, hätte bedeutet, auf immer und ewig ein Kind zu bleiben.

Wenn sie darauf verzichtet hätten, sich zu beweisen, und sei es um den Preis von Angst und Schmerz, hätten sie ihr Leben wie *Idioten* vergeudet – ein eintöniges Leben, wie ungesalzenes Brot.

Sie wären nie erwachsen, sondern gleich alt geworden, ihre geschmeidigen Muskeln wären von der Wiederholung der ewig gleichen Schritte, der ewig gleichen Gesten schwach geworden.

Alle diese jungen Männer waren entschlossen, die Kraft zu entdecken, die man braucht, um erwachsen zu werden. Aufgrund ihres Elans *stachen* sie *schimmernd wie die Sterne aus den Wolken hervor*. So beschreibt Apollonios von Rhodos die Schönheit, die der Mut zum Aufbruch verleiht.

Manche wussten bereits aus dem Mund des Orakels, dass sie nicht nach Hause zurückkehren und auf der Irrfahrt über ferne Meere sterben würden. Doch sie entschieden sich trotzdem dafür, mitzufahren, anstatt auf immer kleine Kinder zu bleiben. Alle entschieden sich dafür, Helden zu sein.

Keiner von ihnen war bereits ein Held, sie waren allenfalls Halbgötter, Söhne eines Gottes und einer Sterblichen.

In der Antike gab es keinen unbestrittenen Heldenstatus. ἥρως *(héros* = Held*)* zu sein, war keine Gegebenheit: Tapferkeit, Kraft, Tugend, List mussten erworben und öffentlich unter Beweis gestellt werden. Die Herkunft, der gesellschaftliche Stand, die Vaterstadt, waren ohne Bedeutung: Man kam nicht als Held zur Welt.

Man entschied sich vielmehr dafür, ein Held zu werden, indem man eine Reihe von Aufgaben bewältigte, deren höchstes Ziel darin bestand, anderen zu helfen – das Unbekannte bekannt zu machen, dafür zu sorgen, dass eine Überfahrt möglich wurde, weil sie schon jemand gewagt hatte.

Das Heldenhafte bestand in der Erfahrung der Selbstüberwindung, nicht im Ergebnis.

Scheitern zählte nicht: Held war nicht der, der den Sieg davontrug, sondern der, der es zumindest versucht hatte. Wir erinnern uns an die Tapferkeit Hektors und Achills vor den Mauern Trojas, nicht an ihre Niederlage. Der Ruhm, für den sie kämpften, hat sie über ihren Tod hinaus unsterblich, auf immer zu Helden gemacht.

Held war, wer die Herausforderung annahm, sich an etwas zu messen, das größer war als er selbst, um auf immer groß zu sein.

Fragwürdig, aber bestechend ist die Etymologie des Wortes *heros,* die Platon im *Kratylos* entwirft. Dem Philosophen zufolge ist der ἔρως *(éros)* – die Liebe – die Kraft, die die Menschen dazu bringt, ἥρως *(héros)* – Held – zu werden. Die beiden schönen altgriechischen Worte unterscheiden sich nur aufgrund der Länge des Vokals.

Vor seinem Aufbruch war Jason noch nie verliebt gewesen.

Eine Menge Volk lief im Hafen zusammen, um die Schar der mutigen Männer zu bewundern, und die Frauen hoben die Hände zu den Unsterblichen im Himmel und beteten, sie möchten ihnen eine glückliche Heimkehr gewähren.

Ihr Name wurde in jeder Straße der Stadt gerufen.

Die jungen Männer, die bereit waren, in See zu stechen, wurden auf immer und ewig nach dem Namen des Schiffes bezeichnet, auf dem sie fuhren: Argonauten.

Süß ist der Mut des Aufbruchs, sofern man weiß, warum man sich auf die Reise macht. Und Jason redete seiner alten Mutter, *deren Herz von Unheil gefesselt war und die ihn heftig weinend hielt – so wie ein Mädchen klagt –,* mit freundlichen Worten zu.

Ihre Angst war so groß, dass sie gar nicht alle ihre Tränen weinen konnte.

Dabei fürchtete seine Mutter Alkimedes nicht die Gefahren der Seefahrt. Sie fürchtete eine noch größere Gefahr: die Sehnsucht.

Sie fürchtete, vor Sehnsucht nach dem geliebten fernen Sohn zu sterben, bevor er zurückkehrte – jede Mutter empfindet diese Angst, wenn ihr Sohn zum ersten Mal das Haus verlässt, und sei es auch nur für eine Nacht.

Doch auch der Vater weinte.

Jason tröstete die Eltern, doch er ließ sich nicht von ihrer Traurigkeit erpressen. Er ließ sich nicht umstimmen, sagte vielmehr zu seiner Mutter.

> *Um meinetwillen! Belaste dich nicht, Mutter, so im Übermaß mit elenden Qualen! Denn du wirst mich nicht durch Tränen vom Unheil zurückhalten, sondern wirst sogar noch zu Schmerzen Schmerz erwerben. Unsichtbar verhängnisvolle Leiden teilen nämlich die Götter den Sterblichen zu; einen Teil davon – magst du auch beklommen sein – im Gemüt zu ertragen, gewinne dennoch über dich!*

So trennte er sich zum ersten Mal von der Familie, bereit, aufzubrechen, um sie zu retten – und um all jene Lügen zu strafen, die sagten, er würde es nie schaffen.

Er würde beweisen, dass sie sich irrten, dass keine Reise ins Ungewisse unmöglich ist, solange man das Ziel kennt.

Und er wusste, wohin er die Argo führen musste: ins ferne Kolchis, auf der Suche nach dem Goldenen Vlies, dem magischen Widderfell, von dem alle schon gehört hatten, das aber noch keiner gesehen hatte.

Noch kannte er die Route nicht, die er nehmen musste, doch das war egal.

> *Das andere, was für ein Schiff zugerüstet werden muss, liegt ja alles wohl geordnet bereit für uns, die wir uns nun aufmachen. Also wollen wir darob die Schifffahrt nicht lange aufschieben.*

Und Jason machte sich als Erster ans Werk, befestigte die Segel am Mast, umgürtete das Schiff mit einem Tau und legte dieses auf einen Felsen von Iolkos, *der längst blank gespült war.*

Die Freunde taten es ihm gleich.

> *Und abwechselnd […] stemmten [sie] zugleich Brust und Hände dagegen. Und hinein schritt also Tiphys, damit er die jungen Männer antreibe, im richtigen Moment zu ziehen.*

Die Argo war bereit und mit ihr die Argonauten.

Und zum ersten Mal in der Geschichte des Menschen sollte ein Schiff ins Meer gleiten.

Zeit auszulaufen

Wenn alles wie am Schnürchen klappt, wenn alles bereit ist und die Fracht auf dem Rettungsboot gut verteilt ist, gibt es keinen Grund mehr, einen Rettungsring zu tragen. Werfen Sie ihn auf den Boden des Bootes und vergessen Sie ihn.
Laufen Sie aus.

Aber als die glänzende Eos* mit schimmernden Augen die steilen Kuppen des Pelion erblickte und die Klippen unter heiterem Himmel im Wind bespült wurden, weil die Salzflut in Bewegung war, da nun erwachte Tiphys.

Und sofort trieb er die Gefährten an, das Schiff zu besteigen. Es war Zeit auszulaufen.

Gewaltige Schreie erhoben sich im Hafen, und auch die Argo jubelte: Denn in sie war ein göttlicher sprechender Stamm aus der Dodonischen Eiche eingefügt, den Athene in der Mitte des Vorderstevens eingepasst hatte, um den jungen Männern die Einsamkeit der Schifffahrt erträglicher zu machen.

Die Argonauten nahmen ihren Platz an den Rudern ein. In der Mitte saß der mächtige Herakles, neben sich hatte er seine Keule gelegt. Und unter seinem Gewicht tauchte der Rumpf des Schiffes etwas tiefer ein.

---
* Morgenröte

Der Stapellauf eines Schiffes ist ein einzigartiger Augenblick: Sobald das Schiff zum ersten Mal das Salzwasser berührt, die Anker gelichtet sind, hat es seine Jungfräulichkeit verloren und wird auf immer zur See fahren.

Veränderungen müssen gebührend gefeiert werden, alles andere wäre Verrat oder Gleichgültigkeit.

Die Argo wurde dank ihnen erwachsen, erfüllte ihre Aufgabe, und die jungen Männer feierten ihren Übergang vom Land ins Meer. Manche träufelten reinen Wein ins Wasser, andere sangen zum Klang von Orpheus' Leier.

Endlich stach die Argo in See.

> *Und durch den Schaum quoll hier und dort die schwarze Salzflut herauf, schrecklich wogend durch die Kraft der starken, mächtigen Männer. Und es blitzte unter der Sonne, einer Flamme gleich, das Gerät des fahrenden Schiffes. Und lange Wege zogen sich stets weiß hin, wie ein Pfad, der sich durch eine grüne Ebene hindurch abzeichnet.*

Auch die Götter schauten an jenem Tag vom Himmel auf das Schiff, das davor noch nie das Meer befahren hatte, und auf die halbgöttlichen Männer, die es mit eigenen Händen steuerten. Und auch die Nymphen staunten und seufzten fasziniert.

Ein hell sausender Fahrtwind fiel in das Segel und Argo nahm rasch Fahrt auf.

Alle Argonauten schauten kühn nach vorne, in Richtung der Häfen, die sie noch nicht sahen und nicht kannten, trunken vor Mut und vor Lust auf das Unbekannte.

Nur Jason, ihr Anführer, gestattete sich einen Augenblick der Trauer. In der Antike galt Weinen nicht als Schwäche, sondern als menschliche, wenn nicht gar heroische Geste.

Angst und Heimweh übermannten ihn: Würde er je nach Hause zurückkehren?

Aber Iason wandte unter Tränen seine Augen von seinem Vaterland ab.

Oft sind Tränen das beste Mittel, um sich auf das Neue vorzubereiten.

Egal ob Freuden- oder Schmerzenstränen, sie retten uns oft das Leben. Denn Tränen verschleiern den Blick und verhüllen so einen Augenblick lang den Anblick dessen, was man für immer verliert. Die Augen sehen nicht mehr den Verlust und verhindern so die Gefahr des Bedauerns, die Versuchung zu verzichten.

Doch wenn die Augen wieder trocken sind und man sie wieder aufschlägt, erblicken sie das, was man ohne Aufschub vollbracht hat, was vor einem liegt wie ein noch nie gesehenes Gemälde.

Wir sollten uns gestatten, öfter zu weinen: Weinen hilft, sich nicht umzublicken, es hilft, mit geschlossenen Augen ins eigene Innere zu blicken und dann mit geöffneten Augen nach vorne zu schauen.

Der Drang zur Veränderung, die Kraft zu entscheiden, der Mut zu lieben, die ehrenhafte Treue, vor allem zu sich selbst, die Fähigkeit, von sich zu sprechen: All das erlaubt dem Menschen in jeder Epoche, das Leben voll auszukosten und in Würde zu leben.

Tag für Tag, bis zum letzten, empfinden wir diesen Schauer.

Wir sollten jubeln, denn das ist der einzige unwiderlegbare Beweis, dass wir am Leben sind.

Und dass wir auf der Welt sind, um etwas Großes zu vollbringen, dessen Maßstab einzig und allein wir selbst sind.

Diese Aufregung empfinden wir seit unserer Kindheit, seit dem ersten Schultag, den wir nie ganz vergessen haben. Bei der Erinnerung daran empfinden wir unendliche Zärtlichkeit für das körnige Bild, auf dem wir sorgfältig frisiert auf der Schwelle stehen, bereit, vielfältigste Gefühle zu entdecken und sie alle gleichzeitig zu empfinden.

Man will unbedingt wissen, welche Bank man zugewiesen bekommt, man ist neugierig auf die Klassenkameraden, man hat Angst vor der Lehrerin, man ist für ein paar Stunden vom wachsamen Blick der Eltern befreit, man fürchtet sich vor dem Urteil der anderen, hofft, einen Freund zu finden – den besten Freund für den Rest des Lebens.

Wenn wir so zum ersten Mal allein in der Welt stehen, ergreift uns ein Schauder. Dieses Schaudern werden wir bei allen anderen unvorhergesehenen und überraschenden ersten Malen immer wieder empfinden – von dem Moment, wo wir das erste Mal das Klassenzimmer der ländlichen Volksschule betreten, bis zur Einschreibung an der Universität der großen Stadt, wenn wir nach vielen Bewerbungsgesprächen endlich in einem Büro arbeiten, bis wir uns plötzlich in jemanden verlieben, den wir erst einmal am Abend gesehen haben und unbedingt wiedersehen wollen.

Das ist die trunken machende Aufgabe, die man uns gegeben hat und die nur wir lösen können: uns selbst kennenzulernen und dafür zu sorgen, dass die anderen uns kennenlernen.

Doch je älter wir werden, desto komplizierter werden die Dinge, die Beziehungen werden komplexer, die Verantwortung wächst, die Wünsche werden größer, die Leidenschaften außergewöhnlicher – wir sind nicht mehr wie alle anderen in unserer Umgebung, wir haben Entscheidungen für uns getroffen und festgestellt, dass jeder von uns auf seine Weise seltsam ist.

Und so weisen wir aus Angst den Instinkt zurück, der uns jeden Tag – als wäre er der erste – infrage stellt, er ist nämlich immer der erste.

Wir hören lieber nicht auf ihn, tun so, als hätten wir ihn vergessen.

Du bist kein Kind mehr, sagen wir zu uns und zucken die Achseln.

Du hast ja schon genug erlebt.

Irgendwann wollen wir diesen Schauder nicht mehr spüren oder verwechseln ihn mit einem kalten Luftzug, der uns in unserem Alltagstrott stört.

Wir verschanzen uns, wappnen uns mit Ausflüchten.

Unsere Schritte werden vorhersehbar und schwer wie Schnee im Winter, bis wir nicht einmal mehr gehen.

Es geht so, antworten wir und bemerken gar nicht, dass wir rückwärts gehen.

Wir stöhnen über die Montage des Lebens, über Unerwartetes, über die ständigen ersten Male, wir sind nicht länger neugierig, wir wollen nichts Neues mehr – *danke, mir geht es gut so* –, wir wollen, dass jeder Tag Sonntag ist, da können wir in aller Ruhe auf unserem kleinen Sofa liegen und uns unseren Gewissheiten hingeben.

Wir laufen vor dem Instinkt zu leben davon und fordern einen *Urlaub* vom Leben – Urlaub, *vacanza* bedeutet jedoch *Fernbleiben, Fehlen.*

Wir bemühen uns inständig, den Ur-Instinkt des Aufbruchs zurückzuweisen.

Und am Abend sind wir zunehmend müde und leer.

Wenn wir bloß zur Kenntnis nähmen, wie viel Energie es kostet, unsere Wünsche Tag für Tag zu *unterdrücken,* zu lügen, nichts zu sagen, um nichts zu zeigen.

Wenn wir bloß einmal die schweren Schuhe auszögen, um barfuß zu gehen und das frisch gemähte, weiche Gras oder die sanfte Brise zu spüren.

Wenn wir bloß den Flügeln an den Füßen – die wir wie die Boreas-Söhne, die auf der Argo in See stachen, besitzen, auch wenn man sie nicht sieht – erlaubten, sich in die Lüfte zu erheben.

Wenn wir uns bloß daran erinnerten, dass wir alle einmal Argonauten waren, denen es egal war, wenn alle *das ist unmöglich* sagten – für uns war es nicht nur möglich, sondern eine Pflicht. Wir hatten ein Bedürfnis, wir wollten uns beweisen, um danach leben zu können.

Unzulänglichkeit: das trifft für uns alle zu, die wir Reisende ohne festgelegten Kurs sind.

Auch für dich.

Für dich, der du die Kontrolle über dein Schiff verloren hast.

Ein Sturm hat seinen Rumpf beschädigt.

Oder es ist an einem Ort gestrandet, der in deinen Karten nicht vorgesehen, nicht eingezeichnet war – jetzt kannst du nicht mehr sagen, *das hängt nicht von mir ab, das ist nicht meine Schuld*. Du hast zwar recht, aber es nützt nichts.

Oder du bist woanders gelandet, nicht in dem Hafen, den du dir vorgenommen hattest. Einem fremden Hafen, wo du dir immer fremd sein wirst.

Zum ersten Mal nimmst du zur Kenntnis, dass die Reise, die du unternimmst, nicht umkehrbar ist.

Sogar der große Gatsby ist gescheitert, konnte die Vergangenheit nicht zurückerobern.

Am Horizont kein Licht eines Leuchtturms.

Nicht einmal ein Fernrohr ist auf dich gerichtet.

Warum auch? Niemand kümmert sich mehr um die anderen.

Heutzutage ist der Blick nur noch nach innen gerichtet.

Ein Kurswechsel ist notwendig.

Am Bug, am Heck oder in der Mitte dringt Wasser ein. Du darfst entscheiden, wo.

Die beste Strategie, um sich für die Wirklichkeit zu rüsten, ist die Fantasie.

Aber seit allzu langer Zeit gönnst du dir nicht mehr den Luxus, dir das Unvorhergesehene vorzustellen – auf hoher See nennt sich dieser Luxus *Vorsicht*.

Plötzlich dringt Wasser ein, dasselbe Wasser, das du bis vor Kurzem noch lächelnd betrachtet hast, als ob es freundlich, vertraut, dein gewesen wäre.

Doch es war nicht freundlich, wie konntest du das nur glauben?

„Mir kann das nicht passieren."

Richtig. Wahr. Sehr wahr.

Wenn du willst, kannst du weiterhin so denken, mach die Augen noch eine Zeitlang zu, atme, genieß die Reise, mach Fotos – wenn sie uns gefallen, liken wir sie mit einem Herzchen, wenn nicht, fügen wir ein weinendes Smiley hinzu, mehr können wir aus der Ferne nicht für dich tun.

Du kannst gern verleugnen, dass es im Leben U-Boote gibt, die plötzlich Torpedos abfeuern, die nicht auf deinem Radar sind – du kannst allerdings Gift darauf nehmen, dass du auf ihrem bist.

Außerdem gibt es Klippen, Untiefen, hinterhältige Strömungen, Seeungeheuer, Eisberge, die die Titanic zum Sinken gebracht haben, während das Orchester zur Katastrophe spielte.

Glatt wie Wasser. Viele verwenden diese Redewendung, allerdings nicht die Seeleute. Auch du hast diese Redewendung unendlich oft verwendet. Du hast dein Schiff mit einer Fähre verwechselt, hast wie ein Pendler gelebt, der von einem bekannten Ufer zum anderen übersetzt. Wie ein Tourist.

Jetzt liegt nur das Unbekannte vor dir.

Unbekannt, oder nicht *gekannt*, nicht *erkannt*, nicht zur *Kenntnis genommen*.

Die Verneinung dessen, was auf der Schwelle des Tempels von Delphi stand: γνῶϑι σαυτόν *(gnothi sautòn)*. Erkenne dich selbst. Eine Aufforderung an alle, die aus ganz Griechenland kamen, um vom Orakel eine Antwort zu bekommen. Bevor du jemand anderen zur Zukunft befragst, entdecke lieber das Einzige, was du schon weißt und was dir niemand anderer sagen kann: *Erkenne dich selbst.*

Zweitausend Jahre später: Wer erinnert sich an den Film *Matrix?*

In der Küche des Orakels befindet sich derselbe Spruch auf Latein: *Temet nosce.*

Er soll den „Auserwählten", Neo, daran erinnern, dass die Selbsterkenntnis die einzige Möglichkeit ist, ein höheres Niveau zu erreichen.

Verwirrt fragt Neo, wie er wissen könne, dass er wirklich auserwählt wurde, und ob es wirklich an der Zeit sei, aufzubrechen. Das Orakel lächelt bloß: Niemand muss uns sagen, dass wir verliebt sind. Wir spüren es und aus.

Und du, was spürst du?

Wie sehr kennst du dich selbst?

Und was von dir ist dir noch unbekannt?

Sich über Wasser halten

> Kurz und gut, die Erfahrung und die Gesetze der Physik lehren, dass die Menschen für gewöhnlich mehr Zeit haben, sich bei einem Schiffbruch zu retten, als sie glauben.
> Verlassen Sie Ihr Schiff erst, wenn es keine andere Möglichkeit mehr gibt.
> Vertrauen Sie dem Auftrieb, er erklärt, warum Dinge sich über Wasser halten.

Wie schön war doch die Argo auf ihrer ersten Fahrt, sobald sie mit vollen Segeln aus dem Hafen der Stadt Iolkos ausgelaufen war.

Und die Fische, die von unten aus der tiefen Salzflut heraufkamen, unendlich große, vermischt mit kleinen, folgten, durcheinander springend, den feuchten Pfaden. Und wie wenn den Spuren eines ländlichen Aufsehers zehntausend Schafe zum Gehöft folgen, die sich genugsam am Gras satt gefressen haben, der aber geht voran und spielt mit der helltönenden Syrinx schön eine Hirtenweise: so begleiteten nun die Fische sie. Und das Schiff trug immer eine Brise nach der anderen.

Am frühen Morgen sahen die Argonauten den Berg Athos vor sich, der seinen majestätischen Schatten auf alle Inseln rundherum warf.

Den ganzen Tag lang wurden sie von günstigen Strömungen getragen, und als am Abend der Wind verebbte, landeten sie auf der Insel Lemnos, im nördlichen Teil der Ägäis, auf dem Weg zu ihrem Ziel, dem Bosporus.

Wie lebt man ohne Liebe?
Wie auf der steinigen und gefühllosen Insel Lemnos.
Seit geraumer Zeit konnte sich auf der Insel niemand mehr verlieben – wollte sich niemand mehr verlieben, weil die wirkliche Liebe zu anstrengend ist.

Aphrodite war zornig auf die Einwohner, weil sie zu sehr mit ihren alltäglichen Geschäften beschäftigt waren, sie vergessen hatten, es ihr gegenüber an Respekt mangeln ließen und ihr die Ehrengaben vorenthielten.

Auf der Insel herrschte nur noch Alltagstrott. Man arbeitete und erledigte die notwendigen Dinge, bevor man am Abend müde zu Bett ging: Auf Lemnos verlief die Zeit ohne Überraschungen und ohne Unbekanntes, Gefühle waren verbannt.

Ein schreckliches – erbarmungsloses – Unglück war über die Insel hereingebrochen. Die Männer waren ihrer Frauen überdrüssig geworden und liebten ihre Töchter nicht mehr, sondern hegten ein heftiges und irrationales Verlangen nach den jungen Frauen, die sie von den Küsten gegenüber der Insel raubten.

Da beschlossen *die bejammernswerten und in ihrer Eifersucht schlimm unersättlichen* Frauen von Lemnos, das ganze männliche Geschlecht auszurotten, damit sie von ihren Söhnen, Vätern, Ehemännern nicht länger gedemütigt und vernachlässigt werden konnten.

Sie brauchten sie nicht, um zu überleben, sie dachten: Wir können auch selbst Rinder und Schafe hüten, Felder pflügen und sogar Waffen tragen.

Anstatt die verlorene Liebe zurückzuerobern, beschlossen die Frauen, auf immer darauf zu verzichten; mit eigenen Händen brachten sie die um, die sie geliebt hatten oder hätten lieben können.

Sie glaubten, ohne Liebe in Sicherheit zu sein, doch mit jedem Tag wurde ihre Unsicherheit größer – das geschieht, wenn man Gefahren unter den Teppich kehrt, statt sich ihnen zu stellen.

Die Frauen von Lemnos fristeten einsam ihr Leben und vor allem hatten sie Angst, dass jemand ihr Verbrechen entdecken könnte.

Als sich die Argo der Insel näherte, strömten die Frauen bewaffnet ans Ufer, um herauszufinden, wer die Fremden waren, die auf ihrer Insel an Land gingen, und welche Absichten sie hatten – jeder Mann auf Erden erinnerte sie an die begangene Straftat und war gleichzeitig ein Versprechen, sich vor einem Leben in Einsamkeit und Entbehrung zu retten.

Und in Ratlosigkeit strömten sie dahin, sprachlos;
eine derartige Furcht schwebte über ihnen.

Ahnungslos entsandten die Argonauten einen Boten, der den Frauen mitteilen sollte, dass sie nur eine Nacht in Lemnos bleiben und dann wieder abfahren wollten.

Doch am Morgen darauf konnten die Helden nicht auslaufen, weil der Boreas blies.

Die Frauen hatten sich derweil, unter der Führung ihrer Königin, der schönen, aber mittlerweile verhärteten Hypsipyle, in der Stadt versammelt, um zu entscheiden, was zu tun sei.

Sie setzte sich auf den steinernen Thron ihres Vaters, des alten Thoas, des einzigen Mannes, der der Katastrophe entgangen war. Hypsipyle hatte ihn in eine Holzkiste gesetzt und der Flut anvertraut; Fischer hatten ihn gerettet.

Nicht aus schlechtem Gewissen hatte das Mädchen dem Vater geholfen, sondern weil die Liebe trotz allem noch in ihr lebendig war, wenn auch unterdrückt, verleugnet, verachtet. Die Liebe lebt immer in uns, auch wenn wir ihre Stimme nicht hören wollen – und je mehr wir sagen *nie wieder,* desto lauter wird ihr Ruf.

Nervös und ängstlich schlug die Königin den Frauen vor, den Argonauten alle möglichen Gaben zu schicken; Speisen, süßen Wein, was auch immer auf dem Schiff fehlte, damit die Männer außerhalb der Mauern blieben und nicht wagten, sich ihnen zu nähern.

Wenn sie die Stadt betreten hätten, hätten sie nämlich herausgefunden, was die Frauen ihren Männern angetan hatten. *Denn wir haben ein verwegenes Werk betrieben!*

Aber vor allem hätten die Frauen von Lemnos dann nicht länger ignorieren können, dass das Schicksal ihnen eine Chance bot, wieder zu leben und zu lieben.

Hypsipyle schlug also vor, Glück vorzuspielen, um das reale Unglück zu verschleiern.

Sich zum Lächeln zu zwingen, während sie im Grunde aus Schmerz und über ihren Irrtum weinen wollten.

So zu tun, als ob nichts wäre, anstatt zu versuchen, alles zu ändern.

Sie sprach, und keine wagte zu antworten.

Traurig und schweigend saßen sie da, den Blick zu Boden geschlagen, die Hände im Schoß, und dachten daran, dass sie nie Kinder haben, nie die Liebe kennenlernen würden. Sie fantasierten wie kleine Kinder, denn sie waren kleine Mädchen geblieben, die sich dafür entschieden hatten, auf immer die Beständigkeit auszumerzen, die die Liebe erfordert, und in Ruhe, ohne Störung zu leben, doch ihre stillen Nächte waren von Alpträumen erfüllt und nicht von Träumen.

Plötzlich erhob sich eine Alte, hinkend und auf einen Stab gestützt.

Mitten in der Versammlung, mit gebeugtem Rücken, sprach sie zu den Frauen von Lemnos:

> *Wenn das aber einer der Seligen abwenden sollte, so bleiben doch hinterher zehntausend andere Leiden, größer als eine Schlacht. Wenn nun die alten Frauen dahingegangen sind und ihr jüngeren kinderlos ins verhasste Alter gekommen seid, wie werdet ihr dann leben, ihr Unglückseligen? Werden die Rinder sich von selbst ins Joch spannen und euch den die Erde zerschneidenden Pflug durch das Brachland ziehen und sogleich, wenn das Jahr sich erhebt, die Ernte abmähen? [...] Die Rüstigeren aber fordere ich auf, das im Ganzen zu bedenken; denn jetzt liegt doch Abwehr bereit zu euren Füßen.*

Befreiender Applaus brach aus, denn den Frauen gefiel die Rede: Endlich wagte es eine, die Schwächste von ihnen, zuzugeben, wie sie in Einsamkeit und Unabhängigkeit lebten.

Die Frauen von Lemnos waren allein, aber vor allem unglücklich.

Glück oder Unglück sind fast nie eine Gegebenheit, ein Preis oder ein Fluch des Lebens, ein unveränderlicher Zustand der Freude oder der Verzweiflung.

Ihr tieferer Sinn verbirgt sich vielmehr in der Veränderung: in dem, was wir, eben weil wir glücklich oder unglücklich sind, für uns oder die anderen in unserer Umgebung tun können oder nicht.

Glücklich, auf Lateinisch *felix*, hat denselben Wortstamm *(fe-)* wie *fecundus*: fruchtbar, produktiv, ergiebig.

Fruchtbar sind nicht nur die Weizenfelder. Wir sind fruchtbar, die wir dank des Glücks plötzlich Gesten oder Taten vollbringen, die wir uns nicht zugetraut hatten.

Glücklich zu sein bedeutet also nicht, keine Probleme oder Schwierigkeiten zu haben und in einem unerschütterlichen

Zustand der Ruhe und Entspannung zu leben – oder gar des *relax,* wie es in Prospekten von Hotels an exotischen Stränden heißt.

Glück ist das reine Gegenteil davon: Es ist energisches Handeln, die Freude am Tun, die Lust an der Veränderung – fruchtbar zu sein, die Blumen blühen zu sehen, die wir sind.

Und Unglück ist das reine Gegenteil: die Unfähigkeit, sich in Bewegung zu setzen, unangenehme Gedanken abzuschütteln, die Unfähigkeit, auch nur einen weiteren Schritt zu tun.

Unglücklich zu sein bedeutet, nichts zu tun, nichts zu sagen, niemanden zu lieben – die Fruchtbarkeit des Lebens abzuweisen, das immer wieder ungeahnte Chancen bietet, und die Unfruchtbarkeit und Ereignislosigkeit vorzuziehen.

Das eine ist Tätigkeit, das andere Untätigkeit. Das eine ist eine Aufwärtsbewegung, das andere ein Absinken.

Sagt man nicht etwa „Freudensprünge machen" und im Gegenteil dazu „sich hängen lassen"?

Es fällt uns schwer anzuerkennen, dass unser Glück oder unser Unglück kein Zustand, sondern ein ständiger Prozess, also Bewegung, sind.

Oft haben wir das Gefühl, dass unsere Traurigkeit ewig währt und das Glück nur ein kurzes, flüchtiges Intermezzo ist. Vor beidem haben wir Angst.

Fast immer erkennen wir den Mechanismus nur, wenn wir zurückblicken, nie, wenn wir nach vorne blicken – wenn unser Gedächtnis uns einen Zeitraffer vorgaukelt wie in einem Dokumentarfilm, in dem Samen in Sekundenschnelle zu Früchten werden, wobei die Zeit, die Jahreszeiten und all die Schmetterlinge, die dafür nötig sind, ausgespart werden.

Doch eine sternenklare Nacht oder ein grauer, wolkenverhangener Morgen sind nie ewig und kein statisches Bild des Himmels:

Die Wolken haben den Zweck, Regen zu bringen, danach scheint wieder die Sonne.

Die Königin senkte das Haupt und antwortete leise:

Wenn nun doch allen dieser Wunsch gefällt,
möchte ich jetzt auch einen Boten zum Schiff senden!

Und sofort brach eine Sprecherin auf, um den Seefahrern zu sagen, sie dürften als Freunde die Stadt betreten, ohne Angst. Und dass die Königin sich freue, den Anführer des Zuges zu empfangen.

Hypsipyle wusste nicht, dass der Anführer des Zuges kein Mann war.

Er war ein Junge, Jason, der sich noch nie verliebt hatte, der vielmehr die Liebe aus Angst zurückgewiesen hatte, bevor sie sich ereignen konnte.

Als die wunderschöne, unerschrockene Jägerin Atalante vorgeschlagen hatte, die Argonauten zu begleiten, hatte Jason sie aus Angst vor dem, was die Leidenschaft bei Menschen auslöst, davon abgebracht – er wollte keine Frau an Bord, er wusste nicht, was er sich von ihr erwarten sollte, er glaubte, Eros sei Krieg und nicht Bündnis.

Jetzt würden sich der Anführer der Argonauten und die Königin von Lemnos zum ersten Mal treffen.

Sie einte dieselbe Einsamkeit und dieselbe Feigheit – und das Bedürfnis zu lieben und geliebt zu werden.

Eines Sommermorgens unterhielt ich mich mit einem Freund, der mich schon seit langer Zeit im Handwerk der Sanftheit unterrichtet, einem Handwerk, bei dem ich noch ein Lehrling bin.

Ich erzählte ihm, ich sei unfähig zu weinen und verspüre stets Trauer und Müdigkeit. Ich fühlte mich immer *so*.

„Dich beschwert vieles", hat er gesagt.
„Und wie werde ich es los?", fragte ich umgehend.
Er hat mit einem einzigen Wort geantwortet, einem Wort mit einem wunderbaren Klang, das keinen Widerspruch duldet:
„Liebe."

Ahnungslos machte sich Jason in die Stadt auf, *einem schimmernden Stern gleich* – wie der Vollmond, den Frauen und Männer in Sommernächten staunend betrachten, um sich lebendig zu fühlen.

> *Und nachdem sie also durch die Tore und in die Stadt getreten waren, drängten sich die Frauen des Volkes von hinten heran, voll Freude über den Fremden. Der aber ging, die Augen auf die Erde gerichtet, ohne Scheu, bis er zum prangenden Palast Hypsipyles kam.*

Die Königin saß auf ihrem Thron.

Als sie ihn sah, errötete sie und ihre Wangen färbten sich in der Farbe des Granatapfels. Hypsipyle war lebendig wie eine *nature morte*: eine Gattung der Malerei und der Fotografie, die auf Deutsch und Englisch mit einem entgegengesetzten, wunderbaren Namen bezeichnet wird: Stillleben, *still life*. Wortwörtlich „regloses Leben", nicht Tod, sondern noch Leben, denn in diesen saftigen Früchten ist noch viel Leben, sie liegen jedoch unbeweglich vor einem undefinierten Hintergrund und niemand kann in sie hineinbeißen. Ihren Geschmack kann man nur anhand des Spiels von Licht und Schatten erahnen, so wie sich die Gefühle der Frau zunächst nur durch ihr Erröten offenbarten.

Doch nun redete sie ihn mit sorgfältig gewählten Worten an.
Aus Scham zog die Königin es vor zu lügen.
Sie zog es vor, *fast* die Wahrheit zu sagen – unter diesem *fast* verstecken wir aus Verlegenheit oder aus Angst vor dem Urteil der

anderen unsere Aufrichtigkeit, weshalb wir letzten Endes nicht mit leidenschaftlicher Genauigkeit, sondern mit einstudierter Beliebigkeit von uns sprechen.

Hypsipyle erzählte dem Fremden zwar von der Einsamkeit und der Traurigkeit der Frauen auf der Insel, sagte jedoch, dass die Männer ausgewandert seien, um das schneereiche Ackerland Thrakiens zu pflügen. Auch die Söhne seien ihnen in die Fremde gefolgt.

Gleich darauf bot sie Jason das Königsamt auf der Insel an, sofern er sich bereit erklärte, gemeinsam mit seinen Gefährten hierzubleiben und sie zu bewohnen: Lemnos würde ihnen gewiss gefallen, denn *die Insel hat hohe Saat, mehr als andere Inseln, so viele im Ägäischen Meer bewohnt sind.*

Die Königin rühmte also die Fruchtbarkeit ihres Landes, verschwieg aber die Unfruchtbarkeit eines Lebens ohne Liebe.

Tatsächlich sprach sie nicht in Worten über das Unglück Lemnos', sondern in Form von Andeutungen, die die Worte verbergen.

Wir, die wir keine Worte mehr haben, sind heutzutage aufgerufen, uns zu dekonstruieren statt aufzubauen. Unseren Nächsten in Einzelteile zu zerlegen, um ihn besser zu verstehen – als ob er ein Puzzle oder ein Legoturm wäre – ein Turm aus Bausteinen, die die Fantasie in eine Form pressen. Nicht zufällig erinnert mich der Name immer an ein unregelmäßiges griechisches Verb λέγω (lègō), das reden bedeutet.

Wie der Philosoph Wittgenstein sagte, sind die Grenzen unserer Sprache auch die Grenzen unserer Welt, unsere Worte schaffen sie, machen sie klein oder riesig groß, wie die bunten Landschaften, die wir als Kinder bauten.

Wir müssen uns selbst und die anderen anhand winziger, fast unbedeutender Gesten interpretieren, denn die Andeutung ist mittlerweile die einzige wirklich aufrichtige Sprache, während wir bewusst stumm bleiben.

Wir seufzen allein und glauben, niemand würde uns im Nebenzimmer hören.

Wir entschuldigen uns übermäßig, auch wenn gar nichts Schwerwiegendes vorgefallen ist – in Wirklichkeit entschuldigen wir uns für etwas, von dem der andere nichts wissen kann.

Ein Schweigen, das nicht Friede, sondern eine Kriegserklärung ist.

Eine neue Kunst macht sich breit, die Philologie der SMS, sie wird von Freunden praktiziert, die wir wie in ein Konklave rufen, damit sie die Botschaften unserer Lieben entziffern. Die Worte, die auf dem Bildschirm leuchten, bringen nie und nimmer die Gedanken des Absenders zum Ausdruck – wir vertrauen ihnen nicht, wir suchen das Gesagte im Nichtgesagten, denn das wollen wir hören.

Oft haben wir recht. Und tun gut daran, nicht zu vertrauen.

Aufgrund einer merkwürdigen Ironie vertrauen wir unsere wahren Gedanken den Postskripta an, als ob sie uns abhandengekommen wären wie ein abgerissener Knopf – denen wir dann weitere ungesagte Worte, weitere P.P.S. usw. hinzufügen.

Post Scriptum ist ein lateinischer Begriff, der *hinzugefügt* bedeutet, *danach geschrieben,* nachdem der Brief bereits unterzeichnet wurde, nachdem man sich bereits verabschiedet hat, danke und auf Wiedersehen.

Als ob wir davor nicht reden wollten und konnten und die Realität uns instinktiv entglitte – erst danach, nie davor. Vor allem.

> *‚Hypsipyle, gern möchten wir die herzfreuende Hilfe annehmen, die du uns, die wir deiner bedürfen, gewährst. Ich aber werde wieder zur Stadt zurückkommen, wenn ich alles im Einzelnen der Reihe nach berichtet habe. Um die Herrschaft aber und um die Insel sollst du selbst besorgt sein!*

> *Ich jedenfalls leiste ohne Geringschätzung auf sie Verzicht,*
> *doch mich drängen traurige Mühsale.'*
> *Sprach's und berührte ihre rechte Hand.*

Jason war der Königin für ihr Angebot dankbar, doch er war entschlossen, nach dem kurzen Aufenthalt auf der Insel weiterzufahren.

Das ferne Kolchis und das Goldene Vlies warteten auf ihn, er konnte nicht den Thron von Lemnos besteigen, der nicht der seine war: Er war unterwegs, um den Thron von Iolkos zurückzuerobern.

Doch er zögerte nicht, die Königin mit einer zärtlichen Geste zu trösten, einer Geste, die besser tröstet als tausend Worte: Er berührte zart ihre Hand.

Eine Liebkosung. Die erste in Hypsipyles Leben.

Erinnern Sie sich noch daran, als jemand zum ersten Mal Ihre Hand in die seine genommen und Sie fortgeführt hat?

Egal, ob er Sie über den Gang einer Schule, in einen kleinen Park oder im Sommer an einen Strand geführt hat, Sie haben seinen selbstsicheren Blick geliebt, Sie haben sich von jemandem irgendwohin führen lassen.

Jason kehrte zu seinen Gefährten auf die Argo zurück, während die jungen Frauen ihn voller Freude umdrängten.

Gleich darauf brachten sie Gastgeschenke an den Strand, Südfrüchte und einladende Liebesbriefe.

Endlich verstanden die Argonauten die Aufforderung der Mädchen. Apollonios von Rhodos stellt nahezu ironisch fest:

> *Aber auch die Gefährten selbst führten sie mit Leichtigkeit zu*
> *ihren Häusern, um sie gastlich aufzunehmen. Denn Kypris**
> *hatte süßes Verlangen erregt.*

---

* = Aphrodite

Es wurde Abend und die ganze Stadt erfreute sich an Reigentänzen und Festgelagen. Und vor allem stimmten sie Aphrodite, die Göttin der Liebe, mit Gesängen und Opfern milde.

Nur ein Argonaut war auf dem Schiff geblieben, hatte sich aus Vorsicht abgesondert und dachte an die bevorstehende Fahrt.

Herakles, der stärkste von allen, war der Einzige, der die Nacht allein verbrachte.

Die Tage vergingen, einer nach dem anderen, endlich fruchtbar. Endlich glücklich.

Der Wind war wieder günstig, doch die Argonauten ignorierten ihn und verschoben von Tag zu Tag den Aufbruch.

Am liebsten wären sie auf der Insel bei den verliebten Frauen geblieben, doch Herakles versammelte die Gefährten und rüttelte sie mit spöttischen und vorwurfsvollen Worten auf:

> *Unselige, schließt uns das vergossene Blut eines Verwandten vom Vaterland aus? Oder sind wir aus Mangel an Ehen von dort hierher gekommen, weil wir die Frauen unseres Volkes tadeln? Und gefällt es uns, hier zu wohnen und das fruchtbare Ackerland von Lemnos zu durchfurchen? Wahrlich, wir werden jedenfalls in keinem guten Ruf stehen, wenn wir uns so lange mit fremden Frauen einschließen. Auch wird durchaus nicht von selbst ein Gott das Vlies nehmen und es uns auf unsere Gebete hin geben. Wir wollen ein jeder wieder zu seinem Besitz gehen! Diesen [Jason] aber lasst den ganzen Tag über in den Betten Hypsipyles, bis er Lemnos mit Kindern männlichen Geschlechts bevölkert hat und großen Ruhm erwirbt.*

Keiner wagte, den Blick zu heben oder etwas zu sagen.

Jason schämte sich mehr als alle anderen: Er wusste, wenn sie nicht aufbrachen, würden sie nie ihr Ziel erreichen.

Er hatte vergessen, dass man das Ziel nicht erreicht, wenn man die Fahrt nach wenigen Tagen angesichts der ersten verführerischen Bequemlichkeit am Festland unterbricht, die einen den Grund des Aufbruchs vergessen lässt.

Niemand anderer würde das Goldene Vlies erobern.

Niemand außer ihm würde die Heldenhaftigkeit unter Beweis stellen, die jeden Menschen ruft.

Schon zwei Tage nach dem heldenhaften Aufbruch hatten die Argonauten ihre Fahrt auf der Insel Lemnos unterbrochen.

Verlockt von der trügerischen Sicherheit der Monotonie hatten sie sofort angehalten.

Sie ließen sich treiben, wie die Argo vergessen im Hafen trieb.

Kaum hatten sie Herakles schneidende Worte gehört, machten sie sich geradewegs von der Versammlung aus bereit, eilends abzureisen.

Jahrelang hatte ich riesengroße Angst davor, Schriftstellerin zu werden.

Ich hatte Angst vor dem Schreiben.

Und ich war wütend auf mich, weil ich Angst hatte.

Ich wollte unbedingt schreiben, das war mein persönliches Goldenes Vlies.

Aber ich verstand nicht, dass ich vergebens kämpfte, dass ich den Grund für meinen Kampf falsch formuliert hatte. Ich hatte nie darüber nachgedacht, was mich daran hinderte. Ich änderte ständig den Kurs, verirrte mich bei der ersten Flut.

Heute kenne ich den Namen dessen, was mich daran hinderte: es war ein Alibi, eine Ausrede, eine Ausflucht.

Oder ein Anderswo, denn *alibi* besteht aus der Verbindung zweier lateinischer Worte, *alius,* anderer, und *ubi,* hier.

Ich wollte unbedingt schreiben, doch immer, wenn ich in Richtung Schreiben aufbrach, fand ich tausend Ausflüchte, um *woanders* zu landen, ich flüchtete mich in den ersten sicheren Hafen und vergaß bald darauf, wieder aufzubrechen.

Wenn mich jemand auf meine Unzulänglichkeit aufmerksam machte, zeigte ich ihm stolz das Auto, das ich mir gerade gekauft hatte, und das Inventar aller meiner zukünftigen Pläne – doch gleich darauf ließ ich mich ablenken und legte sie beiseite.

Ich verschob das Schreiben im Namen einer vorgeblichen Ernsthaftigkeit, als ob Worte bloß Spiel und Zeitvertreib wären.

Ich war schrecklich streng zu mit – manchmal bin ich das noch immer.

Und ich war unglücklich.

Eines Sommers kam einer meiner wertvollsten Freunde, der ebenfalls seine eigenen Wege geht, in meine damalige Heimatstadt und sagte zu mir, ich vergeudete mein Leben.

Er war mein Herakles.

Ich wünsche allen, einen Freund zu haben, der sich die Mühe macht, zu euch nach Hause zu kommen und euch aufzurütteln, wenn ihr euch verirrt habt.

Natürlich schämte ich mich, genau wie Jason. Aber ich verstand, dass ich mich vor allem von meinen Ausreden befreien musste, um aufbrechen zu können.

Wenn ich an meiner Angst festhielt, fühlte ich mich unabhängig, und verwechselte die Unabhängigkeit mit Freiheit.

Als Kompromiss hatte ich eine Zeitlang für andere geschrieben, das Schreiben ist mir immer sehr leichtgefallen.

Heute weiß ich, ich war feig.

Die Worte waren schon immer mein Leben, meine Art und Weise gewesen, die Welt zu verstehen und sie Wirklichkeit werden zu lassen.

Als Ghostwriter erzählte ich nicht von meiner Welt, sondern von der von Menschen und Unternehmen, für die ich arbeitete. Es war eine irreale Welt.

Ich hatte kein Gesicht und keinen Namen, niemand kam und zog mich zur Verantwortung, niemand schickte mir Briefe, um mir seine Freude oder seinen Schmerz anzuvertrauen, die schwer waren wie Felsen.

Ich schrieb und durfte nicht antworten, das lag nicht in meiner Verantwortung.

Ich verweigerte mir das Recht, das in der Antike den befreiten Sklaven als Erstes gewährt wurde, das erste Recht des freien Mannes: einen Namen zu haben.

Jahrelang habe ich mich verleugnet.

Ich habe mich von der Angst und aus der Anonymität befreit, ich habe meinen Namen wiederentdeckt.

Ich habe mich erkannt und habe aufgehört, wie ein Orakel von mir zu sprechen.

Ich habe Verantwortung übernommen und das Risiko auf mich genommen, ein Publikum zu haben, denn das war mein wahres Ziel.

Da habe ich begonnen, zur See zu fahren und mich nicht immer *anderswo* über Wasser zu halten.

> *Fahr davon, und mögen dich die Götter wiederum mit den unversehrten Gefährten bewahren, während du das Goldene Vlies für den König bringst, so wie du willst und es dir lieb ist!* […] *Denke freilich, zugleich wenn du doch abwesend und wenn du schon zurückgekehrt bist, an Hypsipyle!*

Mit diesen Worten verabschiedete sich die Königin von Jason – und endlich konnte sie einen Wunsch an die Götter richten: wieder lieben zu können und Mutter zu werden.

Die Frauen von Lemnos begleiteten die Helden weinend zum Ufer – doch das waren keine Tränen der Trauer, sondern der Aufrichtigkeit.

Ihr Weinen galt den Göttern, damit sie den Argonauten eine glückliche Rückkehr ermöglichten.

Jason betrat als erster das Schiff, die Gefährten taten es ihm nach, setzten sich in Reih und Glied und ergriffen die Ruder.

Das Meer kennt weder Straßen noch Richtung, nur Schwellen, die man überschreiten muss.

Und du allein hast die Aufgabe zu entscheiden, wohin du fährst, der du zur See fährst wie wir alle.

Am Festland kannst du tagelang oder jahrelang zögern und so tun, als würdest du nicht verstehen, während du in Wirklichkeit nicht verstehen willst.

Du kannst dich weigern, dich an die zu erinnern, die du nicht lieben konntest, weil dir der Mut dazu fehlte, oder die du betrogen hast.

Du kannst den Gedanken an all das verdrängen, was hätte sein können und nicht war, weil du es nicht wolltest – Dinge und Menschen passieren nicht einfach, man muss sie suchen und dann lassen sie sich auch finden.

Du kannst deine Leidenschaft kleinreden, dich darüber lustig machen, um nicht gezwungen zu sein, wirklich daran zu glauben – und dich als dumm oder verblendet bezeichnen, wenn du wagst, daran zu glauben.

Du kannst jeden Morgen, wenn du in den Spiegel schaust, schummeln, die Karten der Realität und der Irrealität beliebig mischen, die Karten dessen, was bereits zu Ende ist, und dessen, was gerade angefangen hat, obwohl du es nicht wolltest, du es nicht erwartet hast.

Deine Liebesgeschichten, deine Arbeit, deine Reisen, deine Tränen – das alles ist für dich *nichts Besonderes,* wenn du anderen davon erzählst, auf diese Weise verhinderst du, dich ernst zu nehmen und ernst genommen zu werden.

Die Gesetze der Physik sind nicht die des Lebens.

Ein menschlicher Körper hat die Fähigkeit, sich über Wasser zu halten, ohne dass er sich bewegt – man muss nicht schwimmen können.

Doch das archimedische Prinzip gilt nicht für das Leben: Wenn man sich Tage, Monate, manchmal sogar Jahre über Wasser hält und sich trügerischen Gewissheiten, falschen Überzeugungen, billigen Wortspielen hingibt, bedeutet das, unglücklich und ohnmächtig zu sein – in diesem Fall muss man wirklich schwimmen können.

Wenn wir ruhig am Festland verweilen, genauso starr und unbeweglich wie dieses, können wir uns bücken, wenn wir uns nicht auf der Höhe unserer Leidenschaften fühlen, uns klein machen, uns wegducken und in einem Winkel verstecken, anstatt uns auf die Zehenspitzen zu stellen, die Hände auszustrecken und den Blick zu heben, sobald uns das Leben mit Namen ruft.

Auf dem Meer nicht.

Die Entscheidung lässt sich nicht mehr aufschieben wie etwas Lästiges, Nebensächliches.

Man kann nicht antworten, *so was passiert eben,* und mit den Schultern zucken.

Es ist bereits passiert.

Die Traurigkeit, das Gefühl der Unzulänglichkeit werden morgen nicht verschwinden, auch wenn man dir das angesichts deiner labilen Psyche immer prophezeit hat – *du wirst schon sehen, morgen ist alles anders,* sicher, doch es kommt darauf an, was zurückbleibt.

Die Griechen kannten einen Begriff für diese Frustration.

Als Ἀμηχανία *(Amechanìa)* bezeichneten sie die Unfähigkeit, die jeglichen Elan lähmt. Das personifizierte Unvermögen war Schwester und Freundin einer der schmerzhaftesten menschlichen Zustände, der Armut: Sie hieß Πενία *(Penìa)*.

Elend und Unzufriedenheit galten im antiken Griechenland als größte Gefahr für die Menschen, denn sie brachten sie dazu, sich klein zu machen, anstatt sich zu erheben.

Den Griechen zufolge machte *Amechanìa* den Wunsch zunichte, den alle Irdischen haben: sich nach eigenen Maßstäben als Held zu erweisen.

Alkaios von Lesbos schrieb in seinem Fragment 364:

> *Penìa, die Armut, ist etwas Schlimmes, ein unbeherrschbares Übel. Und gemeinsam mit ihrer Schwester Amechanìa schwächt sie ein großes Volk.*

Zweitausend Jahre später denke ich: Wie hoch legen wir unsere persönliche Latte für unsere Erwartungen an das Leben, und vor allem für das, was wir bereit sind zu akzeptieren?

Was für ein Volk sind wir geworden?

Sich von den alten Gewissheiten zu lösen, ihnen mit einem weißen Taschentuch nachzuwinken und dabei den Blick in Richtung der endlosen Überraschungen des Lebens zu wenden: Das ist eine uralte, überaus befreiende Geste, die ein erfülltes Leben verspricht.

Sie ist notwendig, um zu verstehen, um den Menschen kennenzulernen, der du geworden bist – sie ist letztendlich notwendig, um dich zu akzeptieren und dich aufrichtig zu fragen, *wie geht es dir?*

In Lemnos bricht der Morgen an, es ist Zeit, in See zu stechen.

> *Und die Hecktaue löste ihnen Argos vom meerumflossenen Felsen.*

Wind und andere Zwischenfälle

Positionieren Sie Ihren Wachposten so, als besäße er das einzige Augenpaar an Bord. Ein Vorfall auf dem Frachter *Lancaster* beweist, wie wichtig ständige Wachsamkeit ist. Eine Seemine näherte sich dem Schiff backbords, sie war nur noch einige Fuß entfernt. Drei Männer am Bug, einer backbords und drei Männer auf der Laufbrücke: Keiner bemerkte sie. Der Wachposten, der den Alarm auslöste, war der Einzige, dem man nicht hätte verübeln können, wenn er sie nicht gesehen hätte. Er befand sich auf der Steuerbordseite.

In der alten Sprache des Meeres wird der Sturm, der sich am Horizont abzeichnet, *fortunale* (*fortuna* = Glück) genannt. Und zwar, damit wir keine Angst vor ihm haben müssen, ihn nicht als etwas Böses und Fremdes erleben müssen, sondern als Teil des Lebens mit all seinen unvorhergesehenen Zwischenfällen. Und um in jedem Augenblick bereit zu sein, denn kein Meer ist immer ruhig und kein Hafen ist jemals endgültig, sondern immer in Veränderung – wie wir.

Im Lateinischen bedeutet *fortuna* vor allem *Zufall, Schicksal*. Aus dem Ausdruck *fors sit* – *es wäre ein Zufall*, oder *wie es das Schicksal will* – haben sich das italienische *forse* (vielleicht, wahrscheinlich) und alle unsere Ausreden entwickelt.

Unser Schiff kann eines Tages von einem unerwarteten Sturm mit derart heftigen Winden erfasst werden, dass die hohen Wellen uns in Richtung unbekannter Ziele treiben. Egal wie lang der kalte Wind anhält, es kommt uns immer zu lange vor. Doch nach dem Sturm ist alles anders und der erste Sonnenstrahl erhellt die schüchterne Landschaft der Person, die wir geworden sind.

Und so geschieht es, dass wir eines Tages in unserem Hafen ankommen und *danke* und *was für ein Glück* sagen und uns dabei an den Sturm erinnern, der unser altes Leben hinweggefegt und uns ein neues geschenkt hat.

Nachdem die Argonauten dank Herakles' Worte der Versuchung des bequemen Lebens widerstanden hatten, brachen sie von Lemnos ins ferne Kolchis auf.

> *Es gibt aber in der Propontis* eine jäh aufsteigende Insel, die von Phrygien aus, dem saatenreichen Festland, sich ein wenig ins Meer vorschiebt, und zwar so weit, wie die Landzunge umflossen wird, die sich vornüber zum Festland herabneigt. […] Dorthin stieß die Argo vor, getrieben von thrakischen Winden. Und der ‚Schöne Hafen' nahm sie beim Einlaufen auf.*

Eines Morgens warfen sie den Anker, um auf einer Insel Rast zu machen, die von den Antiken wegen ihrer felsigen Vorgebirge *Bärenberge* genannt wurde.

Hier, an der türkischen Küste des Marmarameers, herrschte der gute König Kyzikos mit seiner Frau Kleite, die ohne Kinder alterten, über das Volk der Dolionen.

---

* dem heutigen Schwarzen Meer

Der König und sein Volk kamen den Argonauten *gemeinsam in Liebe entgegen* und nahmen sie gastlich auf, wie es das Gastrecht (ξενία = *xenia*), einer der höchsten Werte im antiken Griechenland, gebot – wenn ein Grieche in unsere zeitgenössische Welt versetzt werden würde, würde es ihn vor dem Wort *Xenophobie* grauen, das überhaupt nicht griechisch ist. Es wurde vielmehr 1901 von dem französischen Schriftsteller Anatole France geprägt und 1906 in Zusammenhang mit der Dreyfus-Affäre zum ersten Mal in einem Wörterbuch, dem *Nouveau Larousse Illustré,* verwendet.

Und wahrscheinlich würde sich der Grieche auch zutiefst schämen und seine alten Worte zurückverlangen, weil die Gastfreundschaft, die mit seiner Weltanschauung einherging, heute von den Modernen mit der Angst (φόβος = *phobos*) vor den Fremden in Zusammenhang gebracht wird, die erschöpft von der Fahrt übers Meer an unseren Ufern landen.

Fremd wie Jason und seine Gefährten, die von König Kyzikos eingeladen wurden, im Hafen der Stadt die Taue festzumachen. Die Dolionen empfingen sie mit Tänzen, Wein und allem anderem, was ein müder Seefahrer benötigt, sobald er an Land geht.

Als sie gestärkt waren, befragten Dolionen und Argonauten einander.

Die einen erkundigten sich bei den anderen nach dem Zweck ihrer Schifffahrt und den Aufträgen des grausamen Pelias, die anderen erkundigten sich nach dem Kurs, den sie nehmen mussten, um die Bucht der breiten Propontis zu durchqueren, und nach den Völkern, denen sie bei ihrer Fahrt begegnen würden.

Doch nicht weiter wusste er sie ihnen aufzuzählen, als sie es zu erfahren wünschten.

Nachdem die Argonauten den Göttern die gebotenen Opfer dargebracht und sich freundlich beim König bedankt hatten, stachen sie wieder in See.

Das Schiff lief zwar mit seinen Segeln den ganzen Tag, doch als die Nacht kam, blieb der günstige Wind aus und ein entgegenwehender Sturm trug es wieder zu den gastfreundlichen Dolionen zurück.

Verwirrt und verängstigt gingen Jason und seine Gefährten mitten in der Nacht an Land.

Mitten in der Nacht, inmitten von Windböen und Sturmfluten bemerkte keiner, dass es dieselbe Insel war, die sie vor wenigen Stunden so gastfreundlich aufgenommen hatte.

Und nicht einmal der tapfere Kyzikos kam auf die Idee, dass die Helden wieder zurückgekommen waren.

Im Nebel erkannte er nicht die Männer, die an seiner Tafel gesessen hatten, sondern hielt sie für feindliche Krieger. Deshalb legte er die Waffen an und führte sein Volk zum Angriff gegen jene, die er für eine Bedrohung hielt.

Blind, in Eile und vor allem in einem Schweigen, das zusammen mit der Angst Männer in große Gefahr bringt, stach Jason die Lanze in Kyzikos' Brust und dieser verstarb im Sand.

Und viele andere kamen in diesem Durcheinander um.

Erst in der Frühe sprachen die beiden Parteien miteinander.

Und erkannten sich wieder.

Und verhasster Schmerz erfasste die Minyer-Helden, wie sie den Sohn des Aineus, Kyzikos, in Staub und Blut gefallen vor sich sahen. Und drei ganze Tage klagten sie und rauften sich die Haare, zugleich sie selbst und die Dolionen-Völker. […] Doch jener Tag war als der schrecklichste für die Dolionen-Frauen und -Männer von Zeus gekommen.

Auch wir werden oft von einem unvorhergesehenen Sturm erfasst, nicht unbedingt in Form von Regen und Sturmwellen, sondern in Form von Aufgaben, die wir erfüllen, Terminen, die wir einhalten, Verantwortung, die wir übernehmen, Beziehungsarbeit, die wir leisten müssen – wie es sich auch gehört.

Und manchmal reagieren wir auf den Sturm des Lebens nicht mit Neugier, sondern mit derselben *unendlichen Angst,* die auch die Argonauten empfanden.

Mit Panik.

Wir fühlen uns von den ständigen Nachrichten auf dem Smartphone belagert, am liebsten würden wir es ausschalten, um nachzudenken, dennoch wachen wir mitten in der Nacht auf und schauen nach, ob uns jemand eine Nachricht geschickt hat – weil wir insgeheim darauf hoffen.

Im Rekordtempo antworten wir auf Mails und Nachrichten, die wir zu jeder Tages- und Nachtzeit bekommen, allerdings ohne Stil und rechtes Maß, wir verzichten auf das *guten Tag* am Anfang und das *danke* am Ende.

Wir sind alle über irgendein soziales Netzwerk befreundet, doch letzten Endes weinen wir allein, während wir ein lächelndes Foto von uns posten und dazu ein motivierendes Motto wie *#neverstop* schreiben. Doch hin und wieder muss man im Leben auch innehalten.

Ohne Dutzende von Kritiken zu lesen, die vielleicht von sympathischen australischen Touristen geschrieben wurden, schaffen wir es nicht einmal mehr, ein Restaurant ums Eck auszuwählen. Es fällt uns gar nicht ein, den alten Nachbarn, der auf demselben Treppenabsatz wohnt und schon seit Jahren mit niemandem spricht, zu fragen: *Was empfehlen Sie mir?*

In Chatforen beginnen wir Gespräche mit Unbekannten, in der Hoffnung, dass wir nach dem vielen Anklicken, Teilen, Warten darauf, dass „der, der schreibt …" zu schreiben aufhört (doch solange wir nicht aufhören, hört auch er nicht auf), das Licht am Ende des Tunnels namens WhatsApp erreichen.

Der endlose Austausch von Mails, Botschaften, Fotos, Musik und Emoticons erscheint uns als Maßstab der zeitgenössischen technisierten Begegnung mit dem anderen, als ein Weg, der uns einander näherbringen kann und Distanzen überbrücken hilft.

Doch jedes Wort mehr ist oft ein Missverständnis, ein Aufgehaltenwerden, ein Warten, ein Scheideweg – eine weitere Nacht im Nebel.

Abertausende Unterhaltungen schaffen Distanz und nicht Nähe, Missverständnisse und nicht Klarheit, vor allem Irrealität statt Realität.

So sind wir auf immer und ewig von uns selbst und den anderen um uns ab-gelenkt.

Und wenn der Seesturm unseres Lebens tatsächlich losbricht, wenn wir endlich ihn oder sie kennenlernen, sitzen wir mitunter stumm vor einer Tasse Kaffee und trauen uns nicht zu fragen:

Wer bist du?
Wer bin ich für dich?

Wie Jason und Kyzikos sind wir menschliche Wesen, Fleisch, Blut, Haut und vor allem Worte.

Überwältigt von Angst und Chaos, genau wie in der stürmischen Nacht auf der Insel der Dolionen, in der Dunkelheit und in der Stille, im Bann von Angst und Missverständnis, müssten wir eigentlich nur sagen:

Schau mich an, ich bin's.
Wir sind's.

Erst dann könnten wir uns kennenlernen.

> *Darauf aber erhoben sich raue Stürme, zugleich zwölf Tage und Nächte, und hielten sie dort davon ab, mit dem Schiff zu fahren.*

Ein heftiger Sturm hinderte die Argonauten daran, von der Insel der Dolionen auszulaufen. Widriger Wind und Trauer hielten das Schiff fest und beschwerten das Gemüt der jungen Männer: Sie beweinten das Vorgefallene.

Am Morgen des dreizehnten Tages sah der Seher Mopsos, der sie während der Nacht immer bewachte, einen Eisvogel, ein mythologisches griechisches Tier, das in Wirklichkeit wahrscheinlich eine Möwe war.

Vor langer Zeit war eine verliebte Frau namens Alkyone in diesen Vogel verwandelt worden; sie hatte ihren Mann, den Seefahrer Keyx, so sehr geliebt, dass sie ihn im Scherz „Zeus" nannte, und für diesen Übermut wurde sie bestraft. Für die antiken Griechen musste auch die Freude maßvoll – und nicht laut schreiend – zum Ausdruck gebracht werden.

Mopsos verstand die Glück verheißende Prophezeiung des Küstenvogels, denn der Vogel war der Liebesgöttin Aphrodite teuer, und forderte Jason auf, alle nötigen Opfer zu bringen, damit die Winde abklangen.

Und dank der Göttin Rhea, der Himmelsgöttin und Tochter der Erdgöttin Gaia, wurde das Wetter schön und das Meer ruhig.

Die Argonauten stachen in See, und auf der trockenen und dürren Insel der Bärenberge entsprang ihnen zu Ehren eine Quelle, die von nun an *Jasonische Quelle* genannt wurde.

Gleich darauf ließen die Argonauten die Insel rudernd zurück, und wie zum Spiel, einem sehr gefährlichen Spiel, entstand ein Wettstreit unter ihnen, wer der stärkste Ruderer war und wer als Letzter aufhörte und damit den Namen Anführer verdiente.

Herakles, der mächigste der Helden, durchpflügte das Meer mit so kraftvollen Schlägen, dass sein Ruder plötzlich in der Mitte zerbrach und er nur noch einen Stumpf in der Hand hielt.

Dann richtete er sich auf und blickte schweigend umher, denn seine Hände waren nicht gewohnt zu ruhen.

Und in der Abenddämmerung, *zu der Zeit, da ein Pflanzer oder ein Pflüger freudig vom Felde zu seinem Hof heimkehrt,* landete die Argo in der Nähe der Stadt Kios, in der Propontis, in der Nähe des heutigen Istanbul.

Tausend Jahre später wurde dieses kleine Dorf von Philipp von Makedonien zerstört.

Auch hier wurde den Reisenden von den Einwohnern, den Mysern, ein gastlicher Empfang bereitet, sie gaben den Bedürftigen alles, was sie brauchten.

Die jungen Männer begannen zu speisen, nur Herakles ging allein in den Wald, um Holz zu suchen, aus dem er vor der Abfahrt ein handliches Ruder schnitzen wollte.

Auch sein treuer Freund Hylas entfernte sich von der Gruppe und begab sich in den Wald, auf der Suche nach einer Quelle.

Er ahnte, worin die Absicht seines Gefährten bestand, den er seit seiner Kindheit kannte, und wollte ihn bei seiner Rückkehr mit frischem Wasser empfangen.

Und als er zu der Quelle gelangte, stellten sich dort die Nymphen zu ihrem Reigen auf, die von den Bergen, aus den Wäldern und vom Meer gekommen waren, um Artemis zu feiern.

Die schönste von ihnen, die Wassernymphe, sah den sanften Blick des jungen, halbwüchsigen Mannes und tauchte aus dem Bach auf, um ihn auf den Mund zu küssen, denn Kypris hatte ihr Herz verstört.

Hylas, der seitlich am Flussufer lag, bemerkte nichts. Das Wasser gurgelte und er fiel in den Strudel hinab, umfangen vom tödlichen Arm der Nymphe.

Nur Polyphem – der Argonaut und Sohn des Eilates (nicht zu verwechseln mit dem Zyklopen Homers) –, der sich wegen Herakles' Verspätung Sorgen machte, war Hylas gefolgt und hörte ihn schreien, bevor er im Fluss unterging.

Sogleich eilte er ihm zu Hilfe und entfernte sich von den anderen Argonauten, die nichts bemerkt hatten.

Noch in der Dunkelheit bestiegen die Argonauten eilig das Schiff, um den günstigen Wind auszunutzen.

Voller Freude lichteten sie die Anker und entfernten sich mit vollen Segeln von der Küste.

Erst im Morgengrauen,

> *da vom Himmel her die Morgenröte mit hellem Blick aufleuchtet [...] bemerkten sie, dass sie jene unwissentlich zurückgelassen hatten.*

Die Erinnerung ist eine Kunst der Seele und des Herzens.

Das griechische Verb μιμνήσκω *(mimnèsco)* bedeutet *sich an jemanden erinnern, eine Erinnerung auslösen,* aber auch *sich um die Gedanken des anderen zu kümmern.*

Der ursprüngliche Sinn des lateinischen Wortes *memoria (Erinnerung)* ist ganz in der indoeuropäischen Wurzel *men- und in der griechischen Silbe *me beschlossen, die auch in dem zuerst lateinischen und dann italienischen Wort *mens/mente* (Geist) erhalten ist.

Für die antiken Griechen war die Seele der Sitz des Geistes, sie verwendeten für Geist und Wind dasselbe Wort: ἄνεμος *(anemos).*

Der Hauch des Windes entzündete den Intellekt, die Erinnerung, das Feuer der ψυχή *(psyché).*

Die Erinnerung wird also im Geist aufbewahrt. Doch das Herz *ricorda*. Im italienischen Verb *ricordare* (erinnern) stecken das lateinische *re* und *cor* (Herz). Wortwörtlich bedeutet es *zum Herzen zurückrufen*.

Sich an jemanden zu erinnern bedeutet, dass wir ihn in unserem Geist immer gehegt und gepflegt haben.

Es bedeutet, dass man die Erinnerung an ihn im Wind so lange wendet und dreht, bis sie unser Herz berührt.

In umgekehrter Richtung ist der Weg sinnlos und die Erinnerung nichtig.

In der Antike bedeutete *erinnern* das Bild der eigenen Vergangenheit und die der anderen im Geist und im Herzen zu bewahren.

Die Bedeutung von Erinnerung als Heraufbeschwörung, Souvenir, Denkmal oder Andenken, das uns *erinnert, uns an etwas zu erinnern*, das sonst schnell vergessen wäre, ist erst später aufgekommen. Die italienischen Wörter *memorizzare* und *memorizzazione* – memorieren, sich mühsam ins Gedächtnis einprägen – sind erst Ende des 19. Jahrhunderts als französische Lehnwörter ins Italienische eingedrungen.

In unserer gedächtnislosen Moderne werden die stillen *rimembranze* (Gedenktage) des 20. Jahrhunderts vom unaufhörlichen Summen unseres Kalenders ersetzt.

Wir beglückwünschen jemanden, wir bekunden gute Absichten, schützen die Umwelt und halten Daten und Jahrestage ein, wir haben Hunderte Freunde, gehen gleichzeitig Dutzenden Tätigkeiten nach – und am Abend vergessen wir alles und alle, vor allem uns. Wir sind Meister in der Kunst des Vergessens geworden: des *scordare*, wortwörtlich, des aus dem Herzen Verjagens.

Erinnerungslos schlafen wir ein, *scordati*, vergessen habend und *scordati* (*corda* = Saite) verstimmt wie eine Geige, die keine richtigen Töne mehr hervorbringt und deshalb nicht mehr gespielt wird.

Wie oft haben wir aus Eile einen Freund, ein Buch, eine Liebe, die Großmutter vergessen, *morgen* gesagt, doch dieser Tag ist nie gekommen?

Wie viele Telefonate, nicht Arbeits-, sondern Herzensgespräche, haben wir aufgeschoben, wie viele Briefe, wie viele Geschenke?

Wie viele *danke* und wie viele *tut mir leid*?

Seitdem wir kein Gedächtnis mehr haben, leben wir in der Zeit der Memos und Merkzettel.

> *Und in sie drang heftiger Streit, in sie unermessliches Gezänk, ob sie wohl eingestiegen seien und gerade den Besten ihrer Gefährten zurückgelassen hätten. Der Aisonide [Jason] aber, von Ausweglosigkeit benommen, sagte kein Wort, weder so noch so, sondern saß da, während schweres Unglück von unten an seinem Herzen nagte.*

Angesichts ihrer Vergesslichkeit, wegen der sie Hylas, Polyphem und Herakles, ihre Führer, zurückgelassen hatten, reagierten die jungen Männer mit Zorn.

Sie begannen zu streiten, um herauszufinden, wer an dem unerklärlichen Vorfall Schuld hatte. Telamon, Bruder von Peleus und zukünftiger Vater von Ajax, eines Helden im Trojanischen Krieg, griff wütend Jason an, der reglos dasaß.

Sitz nur so ruhig da, weil es dir wohl zupass kam, Herakles zurückzulassen!, schrie er und beschuldigte den jungen Mann, den anderen absichtlich zurückgelassen zu haben, um keinen Rivalen am Steuer der Argo zu haben – damit er, Jason, als größter Held in die Geschichte Griechenlands einging.

Telamon fluchte, trat um sich, sprang schließlich ans Steuer und riss es Typhis aus den Händen. Er sagte, die Fahrt nach Kolchis sei ihm mittlerweile egal.

Sie würden vielmehr ins Land der Myser zurückkehren, dem Heulen des Windes und den Stürmen zum Trotz, um die Freunde zu retten.

Und beide Augen blitzten ihm wie die Strahlen gierigen Feuers.

Von dem Augenblick an, in dem wir die ersten Schritte in der Welt tun, sind wir ständig auf der Suche nach Lehrern.

Doch auch das ist Sprachverwirrung und *Ablenkung* von sich, denn vor allem, wenn die Dinge kompliziert werden, brauchen wir eigentlich keinen Lehrer, der uns etwas beibringt, sondern jemanden, der uns den Weg weist.

Aufs Neue zerstreut der unerwartete Wind den Nebel, der das menschliche Bedürfnis nach einem Wegweiser verdeckt, das Bedürfnis, zu wissen, wohin man geht, um nicht zu Tode erschrocken davonzulaufen.

Maestro oder *Maestrale* (Mistral) heißt der Nordwestwind, der vom Meer herkommt, der erste rechts auf der Windrose. *Maestro* wie Lehrer.

Das lateinische Wort *magister,* aus dem sich das italienische *maestro,* das französische *maître,* das portugiesische *mestre,* das deutsche *Meister,* das rumänische *maestru* gebildet haben, stammt vom Adverb *magis* ab, das *mehr, in höherem Maße* bedeutet.

In der Antike hatte der Begriff eindeutig die Bedeutung von Überlegenheit, jedoch nicht im Sinne von Wissen oder Erfahrung.

In direktem Gegensatz dazu entstand das Wort *minister,* es leitet sich von dem Adverb *minus, weniger* her und bedeutet *Diener, Helfer, Untergebener.*

Wenn wir verwirrt, unsicher, durcheinander sind, suchen auch wir wie die Argonauten verzweifelt einen Lehrer, einen *magister* – jemanden, der *mehr,* stärker, größer, mächtiger ist, jemanden, der mehr weiß und mehr kann.

Und der an unsere Stelle treten kann, die wir uns als geringer wahrnehmen, in der Hoffnung, dass jemand anderer unsere Probleme, unsere Schwierigkeiten löst, unsere Mängel ausgleicht.

Wir bemerken gar nicht, dass wir die notwendigen Lehrer mit jenen verwechseln, die es – einer äußerst unglücklichen Definition zufolge – *geschafft haben*, die Stars in einem glanzvollen Leben sind, das wir in allen Details imitieren, weil wir genau davon träumen.

Als antike „Untergebene" und moderne „Replikanten" à la *Blade Runner* strengen wir uns an, die Gesten, die Worte der anderen zu imitieren, in dem Glauben, das zu lernen, was wir brauchen, um so groß wie unsere Meister zu werden – bis wir feststellen, dass wir nicht unser eigenes Leben leben, sondern einen Abklatsch von deren Leben.

Doch wir benötigen vielmehr eine *guida* – ein Wort, das aus dem Gotischen stammt, – einen Guide, der uns, egal wie alt wir sind, die Richtung weist.

In der Schule wie im Leben ist der wahre Lehrer nicht einer, der an unsere Stelle tritt und uns Lektionen in Überlegenheit erteilt, sondern einer, der uns auf der Suche nach uns selbst leitet.

Er legt uns das Staunen als Schlüssel in die Hand, um die Türen und Seiten von Büchern zu öffnen, die die unseren sein werden.

Denn allem voran hat er unseren Blick geschärft und auf das einzigartige Schauspiel gelenkt, das jeder Einzelne von uns darstellt.

Jemand, der uns den Weg weist, kennt keine positiven oder negativen Vorzeichen, kein „mehr" oder „weniger", Addition oder Subtraktion zählen nicht, nur Vertrauen.

Und das richtige Maß: das die Floskeln des Normalen zurückweist, der sklavischen Wiederholung dessen, was wir nicht sind und was außerhalb von uns ist.

Der wahre Wegweiser, den wir heutzutage alle brauchen, ist jemand, der vehement den Usus ablehnt, uns in unserer Begrenztheit zu vergleichen, der stattdessen den Weg zu der Kunst weist, unser Bestes zu fordern.

Meine größte Überraschung der letzten Jahre auf meinen Lesereisen durch italienische Schulen waren neben den Jugendlichen die Lehrer.

In einem politischen und kulturellen Kontext, in dem ihre Rolle entwertet, wenn nicht gar lächerlich oder verächtlich gemacht wird, wo sie von der Verwaltung für Bürokraten und von den Eltern für Babysitter gehalten werden, bleiben sie als Erzieher von unschätzbarem Wert.

Sie sind Helden, im griechischen Sinne des Wortes.

In der Erziehung, beim Lernen debattieren wir ewig über *nützlich* und *nutzlos,* als ob Jugendliche bloß Benutzer der Schule wären, *User,* vom lateinischen *utor,* benützen, verwenden – doch kein menschliches Wesen dürfte je als bloße Nummer, Matrikel, Code behandelt werden, nicht einmal in der Warteschlange auf der Post oder der Warteschleife eines Call Centers, wo man inzwischen kaum mehr mit Menschen spricht, sondern nur noch mit Sprachcomputern.

Das Problem der Kinder heutzutage ist nicht, dass sie allein sind (waren Eltern früher präsenter? Oder waren nur meine ständig in der Arbeit, sodass sie mir am ersten Schultag gerade mal die Bushaltestelle in der Nähe unseres Hauses zeigten?), und auch nicht, dass sie keine Lehrer und Meister haben, sondern, dass sie mit zwei Pubertäten leben müssen: der eigenen und der der Menschen in ihrer Umgebung, die als Erwachsene eine permanente zweite Pubertät erleben.

Doch trotz der vielen Schwierigkeiten, trotz des Sturms, der jedes neue Schuljahr einläutet, habe ich die Augen der Lehrer bei den niemals banalen, stets überraschenden Fragen der Kinder immer wieder vor aufrichtiger Freude und vor Staunen leuchten sehen.

So stolz waren sie auf ihre Schüler, die ihre Schule als Kinder betreten und diese als junge Frauen und Männer verlassen, bereit für das Erwachsenenleben.

Wenn man mich gefragt hat, ob ich in meinem ersten Buch, in dem es um die griechische Sprache geht, heute etwas ändern würde, habe ich immer geantwortet, ja, einen kurzen Absatz hätte ich gern geändert.

Und zwar jenen, in denen ich die Lehrer und die Qualen, die sie den Schülern mit dem Auswendiglernen bereiten, allzu ironisch kritisiere.

Hier bin ich beim Schreiben übers Ziel hinausgeschossen. Ich hatte nämlich schon lange, zu lange, kein Gymnasium mehr betreten und mich von der Erinnerung täuschen lassen, ich hatte geglaubt, ich könne über die Gegenwart aufgrund meiner Erinnerungen als Jugendliche erzählen.

Die heutigen Lehrer haben mich immer wieder zum Staunen gebracht, wenn ich gesehen habe, wie sie erzogen (italienisch *educare*) haben, wie sie das Beste aus jedem einzelnen Schüler herausgeholt, gezogen (lateinisch *educere*) haben.

Solche Lehrer haben auch mich erzogen und gelenkt, sie haben etwas aus mir herausgeholt und mich etwas entdecken lassen, was ich nicht kannte: Mut.

Mit diesem neuen Buch kann ich sie um Entschuldigung bitten. Und vor allem *danke* sagen.

Die Argonauten stritten noch, als Glaukos aus dem Meer auftauchte, die mythologische Figur, die in den Meerestiefen lebte und die Gabe der Weissagung besaß.

In den *Metamorphosen* erzählt Ovid, dass Glaukos ein sanfter Hirte aus Böotien war, der sich nach dem Verzehr von magischen Kräutern in eine Meeresgottheit verwandelt hatte: Seine Beine wurden zu einem großen Fischschwanz und in seinem Gesicht spross ein langer kupfergrüner Bart.

Plötzlich stand er an Bord des Schiffes und rief den Männern zu:

> *Warum wollt ihr entgegen dem Willen des großen Zeus den kühnen Herakles zur Stadt des Aietes führen? In Argos ist es ihm vom Schicksal verhängt, für den frevlerischen Eurystheus mühevoll alle zwölf Aufgaben zu erfüllen und mit den Unsterblichen als Hausgenosse zu wohnen, wenn er noch die wenigen vollendet hat. Deswegen soll kein Verlangen nach jenem aufkommen!*

Und bevor er sich wieder in die Fluten stürzte, sagte er abschließend:

> *Und ebenso wiederum ist bestimmt, dass Polyphemos, nachdem er an den Mündungen des Kios den Mysern eine ringsum berühmte Stadt unter Mühen erbaut hat, sein Schicksal im grenzenlosen Land der Chalyber erfüllt. Aber den Hylas hat eine göttliche Nymphe aus Liebe zu ihrem Gatten gemacht.*

Als die Helden diese Worte hörten, wurden sie von riesengroßer Freude erfasst – ein reines Gewissen macht glücklich.

Die jungen Männer feierten und sangen auf dem Schiff.

Heftig wie immer lief Telamon zu Jason und erdrückte ihn fast in der Umarmung, mit der er ihn um Entschuldigung bat.

Die Unvernunft und vor allem die Sorge um seine Freunde hatten ihn veranlasst, hochmütige, unerträgliche Worte zu sagen.

Doch lass uns den Winden die Verfehlung übergeben, und begegnen wir einander wie auch früher mit Wohlwollen, sagte Telamon mit glänzenden Augen, den Blick zum Horizont gewandt.

Der Held nahm die Entschuldigung an, obwohl es eine schwere Beleidigung gewesen war, vor allen des Verrats bezichtigt zu werden. Doch er antwortete aus tiefem Herzen:

> *O Lieber! Wahrhaftig doch hast du mich mit einem schlimmen Wort beschimpft, indem du vor diesen allen gesagt hast, ich sein ein Frevler an einem freundlichen Mann. Doch schwerlich mehre ich bitteren Zorn, obwohl ich vorher betrübt war; denn nicht um Schafherden und nicht um Besitztümer hast du zürnend gegrollt, sondern um einen Mann, einen Gefährten. Ich hoffe doch gewiss, du wirst auch mit einem anderen um mich streiten, wenn einmal etwas Derartiges geschehen sollte.*

Auch heute, fast dreitausend Jahre später, rühren noch die Reinheit und die Ausgewogenheit der Worte, mit der Jason Telamon antwortet, sie sind zeitlos.

Auf der Reise zwischen deinen beiden Häfen wirst du dich wahrscheinlich mal irren – du bist ein Held, also ein Mensch. Hin und wieder wirst du stolz auf deine Worte sein, für andere wirst du dich schämen.

Es gibt keine einsamen Wegweiser. Du wirst immer einen treuen Freund an deiner Seite brauchen, damit einer den anderen führt.

Heute bezeichnen wir als *fiducia*, Vertrauen, was Dante *fidanza* nannte – ein Wort, das die verlorene Schönheit des Italienischen des 14. Jahrhunderts evoziert. Das entsprechende Wort ist *fidare*, abgeleitet vom indogermanischen °*bheihd*, aus dem sich das griechische πείθομαι *(peithomani)* und das *fidere* des klassischen Latein entwickelt haben.

Sie bedeuten *Vertrauen haben, Vertrauen schenken, ein Versprechen halten, auf jemanden vertrauen*. *Fidanza* haben.

Wenn heute jemand unser Vertrauen beansprucht, muss er erst sein Können unter Beweis stellen, Lebensläufe oder Zeugnisse vorweisen, in kürzester Zeit seinen Wert nachweisen. Und natürlich darf man es ihm beim kleinsten Fehler auch wieder entziehen.

Vertrauen ist jedoch keine exakte Wissenschaft, sondern Liebe.

Sie ist *zuversichtliches* Warten – ohne Ansprüche und Urteile.

Das Vertrauen auf jemanden, und vor allem das Vertrauen in sich selbst, ist weder eine Urkunde noch ein immerwährender Zustand, sondern eine Reise der Erkenntnis.

Es ist ein stufenweises Sich-Annähern wie das Sich-Verlieben, das größte Vertrauen, das es gibt.

Bevor man sich jemandem anvertraut, muss man sich ihm oder ihr leise nähern – wie auch den antiken Sprachen, die nicht mehr laut für sich werben, aber noch immer zu uns sprechen.

Beim ersten Mal erfährt man vielleicht nur den Namen dieser Person, so wie man am Anfang das griechische Alphabet lernt, das so schön und andersartig ist als das unsere.

Dann erfährt man ein wenig mehr über seine Vergangenheit, seine Wünsche an die Zukunft, sein Handeln in der Gegenwart.

Und dann immer mehr und mehr – wenn man die Herausforderung dieser einzigartigen Reise annimmt, die das aktive Vertrauen ist, das keine Gegenleistung fordert, sondern geduldig auf uns wartet – sowohl an den dunkelsten Tagen wie an jenen, an denen die Sonne im Zenit steht.

Wie die Liebe, wie das Lernen basiert das Vertrauen nicht auf Liebe auf den ersten Blick, die meist eine solche bleibt, und genauso wenig auf Faulheit und Abwesenheit.

Es entsteht allmählich wie ein Hafen, der sicherste, den es gibt: dem Wissen, dass es immer jemanden geben wird, der auf uns wartet und uns genauso aufrichtig umarmt wie Telamon und uns zum Lachen und vor allem zum Weinen bringt, wenn wir es nötig haben.

Zur See fahren

> Zur See fahren ist ein Kinderspiel.
> Man muss sich nur immer vor Augen halten, dass jedes Schiff, sofern es in einem guten Zustand ist, perfekt für die Seefahrt geeignet ist.
> Dein Schiff ist so gebaut, Matrose, dass es den Stürmen viel besser standhält als du.

Die Argonauten hatten eben den Bosporus durchquert und endlich die Missgeschicke hinter sich gelassen, die sich in Bithynien, dem Land der Bebryker, zugetragen hatten.

Der dortige König, dessen Name – Amykos – auf Italienisch paradoxerweise wie *amico*, Freund, klingt, obwohl er in Wirklichkeit sehr überheblich war, hatte Polydeukes zum Faustkampf herausgefordert, denn er hatte per Gesetz festgelegt, dass alle Fremdlinge, die sein Land betraten, so empfangen werden sollten.

Amykos, der brutale und hinterhältige Krieger, starb bei dem Kampf; da stürzte sich sein ganzes Volk auf die Argonauten, denen es allerdings gelang, sie in dieser sinnlosen Schlacht zu besiegen.

Dank der Tüchtigkeit des Steuermanns Tiphys landeten sie im Thyneischen Land, wo der traurige Seher Phineus lebte. Er wurde von allen Bewohnern geliebt, sie versuchten seinen Schmerz zu lindern, indem sie ihm immer wieder Speisen brachten.

Er besaß die Gabe der Weissagung und hatte sich nie den Menschen verweigert, die angesichts der Wechselfälle des Lebens verzweifelt zu ihm kamen, um die Zukunft zu erfahren.

Und er offenbarte immer alles, ohne etwas zu verbergen, denn er ertrug es nicht, angesichts von so viel Schmerz stumm zu bleiben – doch kaum hatten die Menschen den göttlichen Plan erfahren, verzichteten sie darauf, sich selbst anzustrengen, denn aufgrund seiner Antwort wussten sie bereits, wie es ausgehen würde.

Aus allzu viel Großmut beraubte Phineus also die Menschen der Kraft und des Instinkts, die eine unbekannte Zukunft auf den Plan ruft, und machte sie faul und desillusioniert – da sie die Zukunft kannten, ohne sie erlebt zu haben, glaubten sie an nichts mehr. Genau wie eine ängstliche Mutter, die ihren Kindern nicht gestattet, ihr Leben zu leben, sondern an ihrer Stelle lebt und ihnen alle Hindernisse aus dem Weg räumt, weil sie nicht erträgt, sie leiden zu sehen, und auf diese Weise bewirkt, dass ihre Kinder als Erwachsene unreif bleiben, weil sie sich selbst nicht kennen.

Reife offenbart sich nicht in einem bestimmten Augenblick und auch nicht im Bestehen einer Probe (und schon gar nicht einer Schularbeit oder eines Tests!), sondern sie ist ganz beschlossen in der Fähigkeit, allein den Weg zu gehen, der uns für das kommende Leben bereit macht.

Das italienische Wort *maturo*, reif, stammt vom lateinischen *maturus* ab, einem alten Partizip futur, das eine später stattfindende Aktion und nicht einen unveränderlichen Zustand bezeichnet, es stammt vielleicht von einem Verb ab, das **mare* lautet, das ist allerdings nicht bewiesen.

Denselben Wortstamm weist auch der Name einer archaischen Göttin auf, *Mater Matuta,* die gute Muttergöttin, die die Zeit der

Menschen nicht als etwas Statisches, sondern in ihrem ständigen Wandel von Morgen zum Abend bewachte: Daher kommt der *mattino* – der Morgen – aller unserer Tage.

Maturità, Reife, ist somit weder Gegenwart noch Zukunft, sondern eine Reise zwischen diesen beiden Dimensionen der Zeit. Sie ist kein Resultat, sondern Voranschreiten, Suche, Warten, Erfüllung. Sie ist ein Moment, der nie zur Vergangenheit, sondern immer zur Zukunft gehört, die erst geschehen muss.

Bereit bzw. reif zu sein, ist niemals ein beendeter Zustand, sondern wiederholt sich immer wieder aufs Neue. So wie ein Baum uns Jahr für Jahr einen zuerst etwas sauren und dann süßen Pfirsich schenkt, wird das Leben nie aufhören, Früchte zu tragen.

Maturo, reif, ist eben das, „was dabei ist, gut zu werden" – eine Blume, ein Tag, eine Liebe. Das Geheimnis besteht darin, es zu pflegen und sich die notwendige Zeit dafür zu nehmen.

Der Seher Phineus hatte sich also zu viel Großzügigkeit zuschulden kommen lassen und war von Zeus bestraft worden, weil er nicht hatte unterscheiden können, was die Menschen von anderen lernen können und was sie selbst herausfinden müssen.

Zeus hatte ihm das Augenlicht genommen, er konnte die Zukunft, die er voraussagte, nicht sehen, und Tag für Tag rissen ihm die schrecklichen Harpyen, Vögel mit dem Gesicht von Frauen, mit ihren scharfen Schnäbeln das Essen aus dem Mund und aus den Händen.

Als die Argonauten den Alten mit der guten Seele sahen, tat er ihnen unendlich leid und sie beschlossen augenblicklich, seinen schüchternen Hilferuf zu erhören.

Zetes und Kalais, die beiden geflügelten Boreas-Söhne, vertrieben die grausamen Harpyen und hätten sie sogar umgebracht, wenn Iris, die Göttin des Regenbogens, ihnen nicht Einhalt geboten hätte. Sie versprach, sich des Sehers Phineus zu erbarmen, im Tausch gegen das Leben der monströsen Wesen, Verkörperung aller Sturmwinde. Obgleich so verschieden, waren sie ihre Schwestern, Töchter des Meeres und der Erde: Das Wunder des Regenbogens entsteht nur nach einem Gewitter.

Phineus, der über die Kraft der jungen Männer staunte und dankbar für ihren Mut war, den zuvor noch niemand an den Tag gelegt hatte, beschloss, die Fahrt der Argo mit seinem Zauber zu unterstützen. Doch zum ersten Mal wollte er nicht alles preisgeben, was er wusste. Nur im richtigen Ausmaß, denn schließlich fuhren die Argonauten übers Meer, um die Reife zu erlangen, die ihnen niemand – auch nicht Phineus, der alles wusste – geben konnte außer sie selbst.

> *Hört jetzt! Zwar ist es euch nicht erlaubt, alles untrüglich zu erfahren; so viel aber den Göttern lieb ist, werde ich nicht verhehlen. Ich war früher auch im Irrtum, als ich in meiner Unbesonnenheit den Sinn des Zeus der Reihe nach und bis zum Ende kund tat. Denn so will er selbst den Menschen unvollständige Göttersprüche der Weissagung offenbaren, damit sie doch noch irgendwie des göttlichen Sinns bedürfen.*

Er erklärte den jungen Männern, wie sie die schrecklichen Symplegaden an der Einmündung des Bosporus ins Schwarze Meer überwinden konnten. Das waren Felseninseln, auch Kyanische Felsen genannt, die noch kein Schiff unbeschadet passiert hatte, denn sie waren nicht *tief verwurzelt*, sondern stießen häufig gegeneinander und quetschten die Schiffe ein.

Jason sollte der Argo eine weiße Taube vorausschicken, und wenn es dieser gelang, heil durchzukommen, konnte das Schiff ihr schnell durch die Felsen folgen.

> *Deswegen nun hört auf unsere Mahnungen, wenn ihr wirklich klugen Sinnes seid und mit Achtung vor den Seligen fahren wollt und euch nicht unbesonnen anschickt, auf diese Weise am selbstgewählten Schicksal zugrunde zu gehen, indem ihr eurer Jugend folgt!*

Dann beschrieb Phineus die schwierige Route, die hinter den Symplegaden lag: Sie mussten um den schnellströmenden Fluss Rhebas und die Dunkle Küste herumfahren, dann am Land der Mariandyner, eines alten Volkes thrakischer Herkunft, anlegen. Aber Achtung, denn da führte ein Weg abwärts in die Unterwelt, den Hades!

Im Leben ist fast nie das Glück entscheidend, sondern meistens Mühe und Arbeit.

Und bei all den wertvollen Worten gab ihnen der Seher auch noch einen Ratschlag, der sich ihrem Gedächtnis mehr einprägte als jede Prophezeiung.

> *Betätigt kräftig mit euren Händen gut die Ruder und durchquert schnittig die Enge der Salzflut, denn es dürfte nicht so viel Licht in Gebeten liegen wie in der Kraft der Hände!*

An zahlreichen Kaps, an Klippen namens Karambis mussten sie vorbeifahren, über denen sich sogar die *Wirbelwinde teilen, so steil sind sie*, und dann die Strömungen des Flusses Halys und das Themiskyreische Kap überwinden.

Ebenso vielen Völkern würden sie begegnen: Amazonen, wunderschönen, kriegerischen Frauen, die in der Ebene des Doias lebten, Chalybern, unglücklichen Menschen und unermüdlichen Bergarbeitern in einem kargen Land, den herdenreichen Tibarenern und dann den Mossynoikern, die fruchtbare Wälder bearbeiteten, und schließlich würden sie zu einer schroffen Insel gelangen, der Insel des Ares:

> *Dort wird euch aus der bitteren Salzflut unsagbarer Nutzen erwachsen. Und deshalb rate ich auch, da ich euch wohlgesonnen bin, dort Halt zu machen. Doch welche Not zwingt mich, wieder zu freveln, indem ich durch meine Seherkunst alles der Reihe nach offenbare?*

Danach würden die Argonauten den Philyrern, den Makronern und den Becheirern und schließlich den Sapeirern begegnen. Doch sie sollten ja nicht die Fahrt unterbrechen und sich nicht den Luxus gönnen, irgendwo zu verweilen.

Erst wenn sie die Mündung des Flusses Phasis erreichen, seien sie am Ziel angelangt: in Kolchis, inmitten der Türme des Aietes und eines schattigen Hains, in dem eine schreckliche Schlange das Goldene Vlies bewachte und niemals die Augen schloss.

Als die Argonauten versuchten, sich den gewundenen Weg und die schwierige Route zu merken, als sie die Namen der fremden, unbekannten Völker hörten, verstummten sie vor Furcht.

Auch Jason fühlte sich klein angesichts des großen Unterfangens, voller Zweifel und Angst.

Er hatte noch nicht begriffen, dass reif zu werden eine Frage des Ziels, des Wendepunkts und nicht einfach der Hin- und Rückfahrt ist.

Er wagte das Wort zu ergreifen, sprach in der ersten Person – oder vielmehr sprach ein zerbrechliches Ich an seiner Stelle – und vergaß dabei ganz seine Reisegefährten:

> *O Alter, schon hast du die Enden der Mühsale und das Schifffahrtszeichen genannt, dem folgend wir durch die*

> *verhassten Felsen hindurch zum Pontos gelangen werden. Ob es für uns aber wiederum die Heimkehr zurück nach Griechenland geben wird, wenn wir diesen entronnen sind, auch das möchte ich gern von dir erfahren. Wie soll ich es machen? Wie werde ich wiederum einen so weiten Weg über die Salzflut bewältigen, der ich unkundig bin, mit unkundigen Gefährten – denn das Kolchische Aia liegt an den äußersten Enden des Meeres und des Landes?*

Jason kannte jetzt zwar die Route, doch er fürchtete sich vor der Heimfahrt. Wie sollte er, der *unkundig* war, zweimal die schreckliche Fahrt bewältigen?

Er kannte jedoch nicht das Geheimnis jeder Schifffahrt, die im Kopf dessen, der sie unternimmt, zuerst zu einer Sache der Menschen und dann erst der Geografie wird. Das Meer ist seit Jahrtausenden unverändert, doch jeden Menschen, der es zum ersten Mal überquert, verändert es auf immer.

Nach der Ankunft in Kolchis würde Jason nicht mehr derselbe sein. Und auch die Rückfahrt würde nicht dieselbe sein.

Die Route würde eine andere sein, denn auch er würde ein Anderer sein, er würde endlich kundig durch die neuen Richtungen, neuen Abenteuer, neuen Völker sein, denen er auf der Fahrt begegnete.

Und der Seher sagte zu ihm:

> *Aber, Freunde, bedenkt den listigen Beistand der Göttin Kypris! Denn bei ihr liegt das ruhmreiche Ende der Mühsale. Und mich nun fragt nicht mehr weiter als dieses!*

Kypris, das Epitheton der einzigen Göttin, die auf der Insel Zypern verehrt wird: Aphrodite, die Göttin der Liebe.

Nachdem sie unversehrt an den Ländern und den Völkern vorbeigefahren waren, betrachtete Jason das Schiff, das am Ufer der Insel des Ares von Anker lag, wo sie – wie vom Seher Phineus prophezeit – eben gelandet waren.

Kaum waren die Argonauten an Land gegangen, begegneten sie Freunden, und groß war ihr Staunen. Es handelte sich um die Söhne des Phrixos, der vor vielen Jahren, noch als Junge, gemeinsam mit seiner Schwester Helle auf dem Rücken des goldenen Widders vor der grausamen Stiefmutter Ino geflohen war. Niemand anderer als das Tier hatte Phrixos den Mut eingegeben, ihn zu besteigen und über Länder und Meere durch den Himmel zu fliegen. Eines Tages war Helle auf dem Rücken des Widders eingeschlafen und hatte das Fellbüschel losgelassen, an dem sie sich festhielt, war ins Wasser gestürzt und ertrunken. Nach ihrem Mädchennamen nennt sich diese Meeresenge (im Altgriechischen heißt Meer πόντος = *pontos*) auch heute noch Hellespont. Phrixos flog weiter und landete in Kolchis, im Reich des Aietes, der ihm seine Tochter Chalkiope zur Frau gab, im Tausch gegen das Goldene Vlies, das Jason jetzt gemeinsam mit seinen Reisegefährten heimholen wollte.

Jason *schüttete sein Herz aus*, wie ein Ausdruck lautet, den Giacomo Leopardi liebte:

> *Und es steht euch frei, auf diesem Schiff hierhin und dorthin zu fahren, wie auch immer es euch beliebt, sei es nach Aia, sei es zur reichen Stadt des göttlichen Orchomenos. Denn dieses Schiff hat Athene kunstgerecht ersonnen und mit dem Erz die Balken rings auf dem Gipfel des Pelion zugehauen, und mit ihr hat es Argos gebaut. Doch auf! [...] die wir das Goldene Vlies nach Griechenland zu bringen versuchen.*

Die jungen Männer schauten auf das Meer und hörten ihrem Gefährten *entsetzt* zu. Unmöglich, unmöglich, sagten sie immer wieder, ihr werdet es nie schaffen.

Phrixos' Söhne erboten sich zwar, ihnen bei dem Vorhaben zu helfen, doch gleich darauf zählten sie alle Hinterhalte auf, in die die Argonauten auf ihrem Weg tappen würden, als hielten sie alle für Dummköpfe, die sich so ein Vorhaben auch nur vorzustellen wagten.

Die Grausamkeit des Königs Aietes sei *unmenschlich*, er werde von wilden Stämmen mit unermesslicher Kraft beschützt. Und selbst wenn sie den König besiegten, wurde das Vlies von einer *schlaflosen und unsterblichen* Schlange bewacht, die alle, die sich zu nähern wagten, in den Sumpf zerrte.

Die Argonauten *verfärbten sich gelbgrün*, als sie von den Gefahren hörten, auf die sie zufuhren. Sie zitterten, einige dachten sogar an Umkehr.

Auch Jason erlebte zum ersten Mal, was es hieß, wenn die eigene Schwäche von einem vermeintlichen Freund verlacht wird.

Erneut widersprach ein Junge, Peleus, der Vater des Achill, der damals noch Windeln trug, den Erwachsenen, damit sich die Angst nicht der Gedanken der Gefährten bemächtigte.

> *Jage uns nicht auf diese Weise, mein Lieber, durch deine Rede Furcht ein. Denn auch wir ermangeln nicht dermaßen der Stärke, sodass wir zu gering wären, um Aietes mit Waffen auf die Probe zu stellen.*

Und er sagte es stolz, denn das Ziel war klar.

Phrixos war der Vater der Männer, die jetzt vor den Argonauten standen und vorgaben, vergessen zu haben, dass sie nur deshalb auf der Welt waren, weil ihr Vater seinerzeit, fast noch als Kind, auf dem Rücken eines goldenen Widders aufgebrochen war.

Plötzlich waren Phrixos' Söhne kleinmütig gegenüber den jungen Männern, denn auch sie hatten vor kurzem eine Niederlage erlitten: Ihr Schiff hatte auf dem Weg nach Orchomenos, einer mythischen Stadt Arkadiens, Schiffbruch erlitten.

Ihre Angst verbarg ihre Kränkung und ihre Furcht, übers Meer zurückzukehren. Sie seufzten, aber nicht wegen der Gefahren, die auf die jungen Männer warteten, sondern wegen der Erinnerung an die Risiken, die sie eingegangen waren, und wegen der Furcht vor neuen.

„Ὦ φίλοι" *(oh philoi* = Ach, Freunde), sagten sie immer wieder zu den Argonauten, sie erpressten sie mit der Angst vor dem Wiederaufstehen, die immer auf den Fall folgt, wenn uns eine metallische Stimme im Inneren sagt: *Du bist schon einmal gescheitert, du brauchst es gar nicht mehr versuchen.*

Die menschliche Schwäche läuft Gefahr, von Zerbrechlichkeit zu Feigheit zu werden. Ihre Mahnungen waren nichts anderes als die vielen *Sag aber ja nicht, ich hätte dich nicht gewarnt,* die wir uns hin und wieder anhören müssen, wenn wir von einem Freund Zuspruch erwarten und stattdessen als Mitleid verkleideten Spott erhalten.

Die vielen *Vergiss es, ich weiß, wovon ich spreche, ich habe es schon erlebt,* dabei haben wir doch um Verständnis und nicht um ein Urteil gebeten, und warum auch nicht, wir waren nicht kundig, wir haben es noch nicht erlebt und wollten es nicht allein, sondern mit einem Freund erleben.

Die Entschlossenheit der Argonauten, die in ihren Augen vielleicht etwas verrückt, auf jeden Fall aber merkwürdig war, die unbedingt ihre Fahrt zu Ende bringen wollten, rief den Söhnen des Phrixos die Kühnheit in Erinnerung, und der vom Schiffbruch zunichte gemachte Mut erwachte in ihnen aufs Neue.

Nur sie hatten Schiffbruch erlitten und niemand anderer, das ist das Gesetz des Lebens, das vergeht und sich nicht wiederholt.

Sie wussten nicht, dass Zeus diesen Schiffbruch nur deshalb befohlen hatte, damit sie sich den Argonauten auf der kargen Insel des Ares als Freunde und Gefährten anschlossen.

Die Argonauten schwiegen und gingen schlafen, um am nächsten Morgen wieder aufzubrechen. Die Söhne des Phrixos hatten den Mut wiedergefunden, in See zu stechen, und beschlossen, gemeinsam mit ihnen aufzubrechen.

Und nicht lange danach erschien ihnen die Morgenröte, die sie sehnlichst erwarteten.

Jemanden oder etwas heftig zu begehren ist einer der stärksten menschlichen Triebe. Er regt sich, wenn ein Traum in Handlung umschlägt, zu einer konkreten Aktion mit realen Auswirkungen auf unsere individuelle Realität wird.

Oft verwechseln wir jedoch den Weg mit dem Ziel, das Ziel der Reise mit der ganzen Fahrt.

Wir verwechseln letzten Endes Liebe, Freundschaft und unsere Pläne mit einer rein logistischen Abwicklung: Wir räumen hier ein wenig weg, um dort Platz zu schaffen, wir machen einen Schritt nach vorne, aber zwei zur Seite, um nicht zu übertreiben, wir lavieren wie Seiltänzer, um niemanden zu enttäuschen.

Und so haben wir eine Menge Gepäck angesammelt, das wir auf unserer Reise mitschleppen, wir verwalten unser Leben wie graue und unzufriedene Angestellte in einer Bahnhofshalle.

Vielleicht deshalb, weil wir die Bedeutung des Wortes Ziel *(meta)* vergessen haben, gegen das rote Band und den Pokal eingetauscht haben, den wir am Ende irgendeiner zeitgenössischen Performance hochhalten. Vom Abschlusszeugnis bis zum ersten Arbeitsverhältnis, von der ersten Liebe bis zum Kinderwunsch scheint sich heute alles in einem Spannungsfeld von Sieg und Niederlage, Preis und Wettbewerb zu bewegen, einer gegen den anderen.

Die Antiken hingegen wussten, dass ein Ziel nichts Endgültiges ist. Es ist vielmehr ein Wendepunkt. Und der Sinn einer Entscheidung, einer Reise, besteht niemals im Ziel, sondern im Grund der Abreise.

Das lateinische *meta* bedeutet insofern nicht Ziel, es bedeutet nicht, ins Schwarze zu treffen wie beim Wurfpfeilspiel. Wenn man wirklich reist, ist der Sieg uninteressant.

Für die alten Römer war die *meta* – der Wendepunkt – ein Steinhaufen, eine Säule, ein einfaches Zeichen, das im Circus an der Stelle stand, an dem die Rennpferde umkehrten. Wenn sie ihn überschritten hatten, konnten sie nicht mehr umkehren. Das Wettrennen hatte tatsächlich kein Ziel: Sieger war der, der den Wendepunkt als Erster erreichte, denn dann gab es keine Möglichkeit mehr, die Richtung des Rennens zu ändern.

Ich habe den Sinn dieses Wortes als Kind auf einem Schulausflug erfahren, und seit damals habe ich ihn immer bei mir behalten, ich habe ihn während meines ganzen Lebens bewahrt wie einen Schatz, von *meta* zu *meta,* von Wendepunkt zu Wendepunkt – und habe darüber gelächelt.

Immer, wenn ich in Rom bin, besuche ich die *meta* im Circus Maximus, um die Steine zuerst als Erinnerung an die Antike und dann als Mahnung für die Gegenwart zu betrachten, die in ihrer Geschwindigkeit so anfällig ist, die sich so stark auf den Wettkampf konzentriert und nie auf den Weg.

Das Wunder – und die Befreiung – besteht in der Entdeckung, dass der erste Schritt bei einer Entscheidung nicht darin besteht, das Ziel zu erreichen, sondern die damit einhergehende Veränderung zu akzeptieren.

Und lächeln zu können, wenn wir unseren intimen Wendepunkt überschreiten, den wunderschönen Punkt, an dem es keine Umkehr mehr gibt, weil wir uns verändert haben.

Wenn du – gleich in welchem Alter – zur See fährst, ist es egal, wie unsinkbar dein Schiff ist – Schiffbruch ist immer möglich – oder wie lang deine Reise ist, denn wir kennen die Zukunft nicht.

Wichtig ist nur, einen Grund zu haben, aufgrund dessen es sich lohnt, das Wasser zu überqueren.

Was zählt, ist, einen Grund zu haben.

Die Argonauten wussten, ihr Ziel war das Goldene Vlies.

Noch wussten sie jedoch nicht, dass die *meta,* der Wendepunkt, auf den sie zuliefen, die Liebe war. Genau wie der alte Seher vorhergesagt hatte: Eros würde Ruhm und Erfüllung der Argonautenfahrt sein.

Verzauberung

Nachts, wenn das Wasser wie durch einen Zauber leuchtet, ist es einfacher, die Strömung zu erkennen und ihr zu folgen. Schwieriger ist es, sie im Sonnenlicht zu erkennen.
Wehren Sie sich nicht gegen das Meer, vertrauen Sie sich ihm an.
Lassen Sie los.

Auf jetzt, Erato! Tritt heran und sage mir, wie Iason von hier das Vlies nach Iolkos brachte, mit Medeias Liebe! Denn du hast auch teil an Kypris und bezauberst durch deine eigenen Kümmernisse die unbezwungenen Jungfrauen.
Deshalb ist auch mit dir dieser liebliche Name verbunden.

Im 8. Jahrhundert v. Chr. begann Homer die *Ilias* und die *Odyssee* mit folgenden Worten: *Erzähl mir, Muse ...*

Und die Muse – die noch keinen Namen hatte, weil es damals noch keine Unterscheidung in neun Musen der Künste gab – hörte nicht auf zu singen.

Im 3. Jahrhundert v. Chr. bittet Apollonios von Rhodos die Muse vielmehr: *Tritt heran. Lass mich nicht allein.* Und er fleht die Göttin auch nicht im ersten Vers seines Epos an, sondern genau in der Mitte, am Beginn des dritten der vier Bücher der *Fahrt der Argonauten*.

Erst zu Beginn des vierten Buches, wenn die Liebe zwischen Medea und Jason zu einer unauflösbaren Verbindung geworden ist, kapituliert Apollonios von Rhodos vor der Macht der Liebe, die ihn *sprachlos* macht, und bittet die Muse, direkt an seiner Stelle zu schreiben, da ihn die Größe dieses Gefühls stumm macht.

Eine lange Zeit, drei Epochen, liegen zwischen den beiden Dichtern. Wir befinden uns nicht mehr in der archaischen, sondern in der hellenistischen Zeit, nicht mehr in Griechenland im eigentlichen Sinn, sondern in der Bibliothek von Alexandria, deren angesehener Leiter Apollonios war.

Dazwischen liegt die klassische Epoche des Sophokles und Euripides, Perikles und Platon, die zwar schon vergangen, aber noch immer lebendig und nicht zu leugnende Erinnerung ist.

Vor allem waren seit damals jede Menge Epen geschrieben worden, das Unsagbare war in Verse gegossen worden.

Doch Apollonios von Rhodos beruft sich auf Erato, die Muse der Liebesdichtung, deren Name von Eros abstammt: Sie soll ihm bei der Erzählung der unbesiegbaren Kraft helfen, die das Leben eines Griechen und das einer Fremden vereint und dank der Jason unversehrt die Prüfungen bestehen wird, die ihm König Aietes auferlegt, um das Goldene Vlies zu erhalten: die Kraft der Liebe.

Mit großer stilistischer Schlichtheit, wie bei der Beschreibung großer Dinge nötig, schreibt Apollonios nur: *dank Medeas Liebe* kommen die Argonauten an ihr Ziel.

Die Liebesgeschichte von Medea und Jason ist die berühmteste Liebesgeschichte der ganzen Antike – und vielleicht auch der heutigen Zeit –, die von Streit, Leidenschaft und unendlichem Leid handelt.

Medea war erst ein junges Mädchen, schreibt der Dichter, sie hegte keinerlei Erwartungen, sondern lebte unbefangen mit ihren

Brüdern im Königspalast in Aia, der Hauptstadt der Kolchis am Fluss Phasis.

Am Abend betrachtete sie das Meer, sie staunte über dessen unendliche Weite und stellte sich freudig vor, was von dort kommen würde. Medea erwartete keinesfalls, dass jemand in ihrem Hafen landen und sie sich in ihn verlieben würde.

Nie hätte sie sich gedacht, dass ein junger Mann namens Jason, der aus einem fernen Land kam, eines Tages die Schwelle ihres Hauses überschreiten und der Mann ihres Lebens werden würde, denn nur ihm würde sie es schenken.

War es bei dir etwa nicht auch so, als du dich verliebt hast?

Eine zufällige Begegnung an einem x-beliebigen Tag, der jedoch in deinem privaten Kalender auf ewig eingetragen sein wird, in dem die Zeit einen anderen, individuellen Wert hat als die fixe Abfolge von Wochen, Monaten, Jahren.

Ein Gesicht, eine Geste, vielleicht nicht einmal ein Name.

Das Leben eines anderen dringt plötzlich in dein Leben ein.

Die Unmöglichkeit vorauszusehen, was passieren wird, die Überraschung, sich zu wünschen, was auch immer passieren wird.

Ein Mann, eine Frau, die du noch nicht einmal kennst, die du jedoch sofort erkannt hast.

Mit dem Leben kann man kein Rendezvous vereinbaren.

Sich verlieben ist ein reflexives Verb: Es wirkt vor allem auf uns und vielmehr in uns, das sind die einzigen Wirkungen, die wir kennen – die Wirkungen außerhalb von uns sind nur Fantasien oder Ängste, denen wir uns am Abend hingeben, bevor wir das Licht ausmachen.

Sich verlieben hat weder Zeit noch Dauer: Es geht mit dem Blitz eines Augenblicks einher, dem einzigen, der fähig ist, den

Verlauf aller Dinge zu ändern, Platon bezeichnete ihn in seinem *Parmenides* als ἐξαίφνης *(exaiphnes)*, als sprunghafte Entstehung des Neuen.

Medea näherte sich diesem Augenblick, als sie im Garten des Hauses spazieren ging, zwischen *hohen Weinstöcken, die mit ihren grünen Blättern Lauben bildeten.*
Doch nichts sollte zufällig passieren, so wie nie etwas zufällig passiert.
Drei Frauen, die mächtigsten Göttinnen, bereiteten den Augenblick vor, der Jason und Medea auf immer verändern sollte.
Die Argonauten versteckten sich derweil am Ufer des Flusses Phasis, sie waren noch unentschieden, wie sie zum Palast von König Aietes vorrücken sollten, der riesig groß in der Ferne prangte.
Sie wussten nicht, dass die Göttinnen, die die Fahrt der Argo beschützten, sie vom Himmel aus beobachteten und berieten, wie sie ihnen am besten helfen konnten.

> *So nun warteten die Helden unbemerkt im dichten Röhricht, auf der Lauer liegend. Sie aber hatten es bemerkt, Hera und Athene, und nachdem sie fern von Zeus selbst und den anderen unsterblichen Göttern in Heras Schlafgemach gegangen waren, berieten sie dort.*

Die eine war Zeus' Gattin und Herrin über den Olymp, Hera.
Die andere war die Tochter des Zeus und Göttin der Weisheit, Athene.
Sie berieten sich und hatten nicht wirklich eine Idee, wie sie Jasons Unterfangen möglich machen sollten: List und Hinterhalte würden nicht ausreichen, um die Grausamkeit des Königs zu besänftigen und sich des Goldenen Vlieses zu bemächtigen.

Besorgt und unsicher richteten sie ihre Augen starr auf den Boden zu ihren Füßen, während sie getrennt mit sich zurate gingen. Dann äußerte Hera folgenden Vorschlag:

> *Auf, lass uns zu Kypris gehen! Und wenn wir dort sind, wollen wir beide in sie dringen, ihrem Sohn aufzutragen – wenn er denn folgsam ist –, die an Zauberkräutern reiche Tochter des Aietes mit seinen Geschossen zu treffen und für Iason zu bezaubern! Und der, meine ich, wird dann durch Medeias Ratschläge das Vlies nach Griechenland bringen.*

Athene zuckte zusammen, sie verstand: Die Liebe war die einzige Möglichkeit, die List war zu nichts nutze.

Sie war jedoch unschlüssig, wie sie mit Eros' Mutter über deren Sohn sprechen sollte: Mit freundlichen Worten voller Sehnsucht nach dem, was sie nie erlebt hatte und nie erleben würde, erklärte Athene Hera, dass sie sich nie verlieben konnte, weil Zeus sie als Jungfrau und Kriegerin geschaffen hatte. Nie würde sie das Liebesverlangen kennenlernen.

Da sprangen die beiden Göttinnen entschlossen auf, wie Frauen nun mal sind, und begaben sich zum Haus der in Zypern verehrten Göttin.

Diese war allein, wie immer, seitdem man sie gezwungen hatte, Hephaistos zu heiraten, einen guten Gott, den Gott des Feuers und der Metallkünste, der jeden Tag in seiner Schmiede werkte, allerdings hässlich war und hinkte. Aphrodite liebte den unschönen Mann nicht und hatte ihn schon mehrmals mit Ares betrogen, dem unbezähmbaren Kriegsgott, in den sie seit jeher verliebt war.

Die schönste Göttin, die nur von der Sterblichen Helena übertroffen wurde, die bald den Trojanischen Krieg entfachen würde, saß auf einem wunderbar mit Einlegearbeiten verzierten Lehnstuhl. Sie hatte ihre glänzenden blonden Haare zu beiden Seiten auf die weißen Schultern herabgleiten lassen, ordnete sie gerade mit einem goldenen Weberschiffchen und war im Begriff, sie in lange Zöpfe zu flechten.

Als sie Athene und Hera vor sich sah, lächelte sie und warf ihnen mit *schmeichelnden* Worten vor, wie es unter Freundinnen üblich ist, dass sie sie seit langer Zeit nicht mehr besucht hatten.

Und mit stummem Staunen und voller Scham sah Aphrodite, dass Hera, die mächtigste Göttin am Olymp, sie um etwas bat.

Erregt und sorgenvoll bat sie sie, einen jungen Mann namens Jason zu unterstützen, den sie seit dem Tag liebte, als sie das Aussehen einer Greisin angenommen hatte, um die Menschen zu prüfen, und der junge Mann, fast ein Kind noch, sie auf die Schultern genommen hatte, um sie durch die Stromschnellen eines Flusses zu tragen.

Die Göttin der Liebe versprach gerührt ihren Beistand, ohne etwas dafür zu verlangen.

Hera fuhr mit ihren Bitten fort:

> *Doch gib du – einfach so – deinem Knaben leise zu verstehen, dass er die jungfräuliche Tochter des Aietes mit Liebesverlangen nach dem Aisoniden bezaubern soll! Denn wenn die sich wohlwollend mit ihm berät, dürfte er, glaube ich, das Goldene Fell leicht erhalten und nach Iolkos heimkehren.*

Doch bei dieser Bitte wurde Aphrodite ärgerlich, wie jede Mutter, die zwar einen sehr schönen, aber auch launenhaften Sohn hat.

Ihr Sohn hörte nämlich nie auf ihre Vorwürfe und Ratschläge, sondern lief mit schamlosem Auge mit seinem Bogen und seinen Pfeilen umher und machte sich einen Spaß daraus, die menschlichen Wesen mit seinen Pfeilen zu treffen.

Für Eros war alles Spiel, vor allem die Liebe.

Und schon verlangte es mich, die ich ringsum von Unheil umfangen bin, ihm öffentlich die schlimmtönenden, arg schmerzenden Pfeile mitsamt seinem Bogen zu zerbrechen. Doch so drohte er mir wütend: Wenn ich nicht meine Hände fernhalte, solange er noch seinen Zorn zügelt, würde ich mir hinterher bestimmt selber Vorwürfe machen.

Die Göttinnen lächelten über die Göttin der Schönheit, die sich über die Lausbubenstreiche ihres unbezähmbaren Sohnes ärgerte, und Aphrodite war gekränkt, weil niemand ihr Mutterleid ernst nahm.

Da berührte Hera ihre zarte Hand, und sanft lächelnd sagte sie zu ihr, sie solle dem Knaben nicht zürnen und nicht mit ihm streiten: Vielleicht würde er sich mit der Zeit bessern, doch die Liebe sei immer unbezähmbar, wie auch der Mann, den Aphrodite insgeheim liebte.

Sie flehte sie aufs Neue an, und Aphrodite willigte ein, sich auf die Suche nach ihrem Sohn zu machen und ihn zu überreden, einen seiner mächtigen Pfeile abzuschießen.

Sie durchforstete alle Täler des Olymps und fand ihn bei Ganymed, dem Sohn einer Nymphe, einem trojanischen Fürsten von außergewöhnlicher Schönheit.

Die beiden spielten um goldene Würfel: ein Spiel, das auch Astragaloi genannt wird, weil die Würfel aus den Hinterbeinknochen von Schafen gemacht werden. Bis ins 20. Jahrhundert vergnügten sich die Kinder auf dem Land mit diesem Spiel, und noch heute wird es in Landstrichen gespielt, wo die Kinder keine Videogames, Tablets und Konsolen besitzen. In Afghanistan heißt Eros' Spiel Buzul-bazi.

Als seine Mutter kam, war der kleine Taugenichts drauf und dran, den armen Ganymed beim Spiel zu betrügen. Da versprach sie ihm, wenn er sie zufriedenstellte, ein wunderbares Geschenk: das schönste Spielzeug, einen Ball.

Wenn du ihn mit deinen Händen hochwirfst, zieht er wie ein Stern eine flammende Furche durch die Luft. Den werde ich dir geben. Du aber bezaubere die jungfräuliche Tochter des Aietes, indem du einen Pfeil auf Iason schießt.

Ohne zu zögern, warf Eros alle seine Spielzeuge weg und flehte seine Mutter an, sie möge den Ball rasch herbringen, doch die Göttin streichelte und küsste ihn auf die Wangen, drückte ihn an sich und bat ihn, gleich aufzubrechen.

Sogleich legte er sich den Köcher, der an einem Baumstamm lehnte, mit einem goldenen Gürtel um und durchschritt die luftigen Tore des Olymps.

Drunten aber waren bald die nahrungsgebende Erde und die Städte der Menschen und die heiligen Ströme der Flüsse sichtbar, bald wiederum die Kuppen und ringsum das Meer, als er den weiten Äther durchmaß.

Unterdessen versammelten sich die Argonauten, die im Schilf am Ufer des Flusses auf der Lauer lagen, auf den Ruderbänken ihres Schiffes.

Und Jason bat seine Freunde zu sagen, was sie dachten, denn gemeinsam wie ihre Reise war auch das Recht zu sprechen – nur Schweigen sei gefährlich, denn etwas zu denken und nicht zu sagen, säe Zwietracht.

Allen Erzählungen über Aietes zum Trotz schlug er vor, diesem die Gelegenheit zu geben, sich als menschlich zu erweisen und den düsteren Legenden über sich ein Ende zu machen, *denn alle überall, auch der, der bei Weitem der hündischste der Männer ist, achtet die Satzung des Zeus, des Gottes der Fremden, und trägt dafür Sorge.*

Die Argonauten stimmten ahnungslos seinem Vorschlag zu, zum Palast des Königs zu gehen und einfach die Wahrheit zu sagen. Einfach zu sagen, wer sie waren und was sie vorhatten.

Sie hatten noch niemals erlebt, wie grausam die menschliche Natur mitunter ist.

Sie hatten noch nie die Liebe erlebt.

Zum ersten Mal in ihrem Leben sollten sie die beiden Pole kennenlernen, zwischen denen sich das Fühlen der Menschen abspielt.

Sie beschlossen also, sich zu teilen. Einige würden unter der Führung Jasons in Aietes' Palast gehen, im Schutz des dichten Nebels, den Hera geschickt hatte, damit sie vor dem Blick der Kolcher verborgen blieben; die anderen würden bei dem im Röhricht verankerten Schiff auf sie warten.

Sie erreichten die Stadt, blieben am Eingang des Palastes stehen und bewunderten die breiten Tore und Pfeiler, oben am Haus war ein steinernes Gesims auf eherne Kapitelle gefügt.

Ruhig und unbesorgt in ihrer Jugend schritten sie über die Schwelle.

Ein bezauberndes Schauspiel bot sich ihren Augen dar: vier Quellen, aus denen ständig Öl, Wein, Milch und Wasser sprudelten, prächtige Arkaden und elegante Zimmer, in denen der König mit seiner Gattin und seinen Kindern wohnte.

Und in der Menge der Untergebenen, der Mägde und Diener, die ihrer täglichen Arbeit nachgingen, sahen sie eine Person: Medea, die allein spazieren ging.

Als man Jason und seine Gefährten entdeckte, ertönte ein Schrei und alle Blicke richteten sich auf sie, aus Angst und vor Überraschung, zum ersten Mal Fremde im Palast zu sehen. Keiner der Anwesenden wusste, was er tun oder sagen sollte, ob er zu den Waffen greifen oder sie willkommen heißen sollte.

Unsichtbar war derweil Eros durch den grauen Nebel gekommen, er konnte es gar nicht erwarten, seinen Pfeil abzuschießen. Schnell spannte er unten am Türpfosten im Vorhaus seinen Bogen und nahm den stärksten und schmerzhaftesten Pfeil aus dem Köcher.

Er legte die Kerben mitten auf die Sehne,
spannte sie mit beiden Händen und schoss genau auf Medeia.
Und Sprachlosigkeit erfasste ihr Gemüt.

Eros lief davon, um das versprochene Geschenk in Empfang zu nehmen.

Während die Tischler Holz hackten, die Köche das Essen zubereiteten, die Mägde das Badewasser wärmten, die Argonauten sich umblickten und nicht wussten, was sie tun sollten, und die Menge wie an einem x-beliebigen Tag einfach ihrer Arbeit nachging, war Medeas Tag schlagartig ein anderer.

Sie warf Jason strahlende Blicke zu. *Und es schwanden ihr die klugen Sinne vor Ermattung in der Brust, und sie hatte keinen anderen Gedanken und wurde in ihrem Gemüt von süßer Qual überflutet.* Sie erinnerte sich an nichts mehr, weder daran, wer sie war, noch an das, was sie hätte tun sollen.

Obwohl sie ein vernünftiges junges Mädchen war, vergaß sie in diesem Augenblick alles, was sie davor gewesen war.

Gedächtnisverlust, Desinteresse für die Gegenwart und Begehren der Zukunft.

Ihre zarten Wangen wandelten sich in Blässe, ein andermal
in Röte, in ihrer inneren Ohnmacht.

Schlagartig und freudig hatte Medea sich verliebt.

Wie man loslässt

> Ja keine Hektik! Ein Schiff geht selten sofort unter. Zahlreich sind allerdings die Gefahren, die damit einhergehen, wenn man in Panik versucht, von Bord zu gehen.
> Springen Sie nicht sofort ins Wasser, außer Sie haben keine andere Möglichkeit.
> Einmal sprang ein Matrose in Panik ins Wasser und wurde von einem Hai getötet, während sein Schiff, ein Frachter aus Panama, sicher in den Hafen einlief.

Kaum hatte Aietes von den Absichten der Fremden erfahren, die in Kolchis an Land gegangen waren – nämlich ihm das Goldene Vlies zu rauben, von dem einer Prophezeiung zufolge das Schicksal seines Reichs abhing –, geriet er in schrecklichen Zorn. Er hatte große Angst, seinen Thron zu verlieren, und war bereit, einen Mord zu begehen, um ihn zu retten.

Unter den Brauen blitzten seine Augen, während die Argonauten versuchten, ihn mit freundlichen Worten zu beschwichtigen.

Sie hofften, Mitleid oder zumindest ein wenig Empathie beim König zu erwecken: Sie waren nicht von weither gekommen, um seinen Thron zu erobern, sie waren vielmehr wegen eines anderen Usurpators hier, Pelias, der Jason um den Thron seiner Vaterstadt gebracht hatte.

Geduldig baten sie Aietes, ihnen das Vlies zu überlassen: Als Dank dafür würde ganz Griechenland das Andenken an den Ruhm und die Großzügigkeit des Königs der Kolcher bewahren.

Aietes hingegen wollte nur eines, ihren Tod.

Sein Herz brannte vor Verlangen, die Argonauten augenblicklich zu töten, doch er bedachte sich und es schien ihm besser, ihre Kraft auf die Probe zu stellen.

So unterbrach er Jason:

> *Fremder, wozu solltest du die Einzelheiten der Reihe nach erzählen? Denn wenn ihr wirklich vom Geschlecht der Götter stammt oder auch sonst in keiner Weise geringer als ich [es bin] zu Fremden gekommen seid, werde ich dir das Goldene Fell mitgeben, falls du willst – nachdem ich dich auf die Probe gestellt habe. Denn gegen edle Männer bin ich keineswegs missgünstig, so wie ihr das selbst von dem Herrscher in Hellas berichtet.*

Allein, in nur einem Tag, sollte Jason zwei feuerspeiende Stiere mit ehernen Füßen, die frei auf dem Feld des Ares weideten, anschirren.

Im Morgengrauen sollte er die Stiere vor den Pflug spannen und das vier Morgen große Brachfeld des Ares pflügen und nicht Samen, sondern die Zähne eines schrecklichen Drachen in die Furchen werfen.

Wie Ähren würden daraus gerüstete Männer herauswachsen, die der Junge mit seinem Speer niedermähen und töten sollte. Dann sollte er das Mähen beenden und die Stiere noch vor der Abenddämmerung auf die Weide bringen.

Der Argonaut saß sprachlos da. Die Aufgabe, die Aietes ihm auferlegte, war nicht zu bewältigen. Einfach unmöglich. Er hielt den Blick schweigend gesenkt, starr vor Angst.

Schließlich antwortete er:

Aietes, gar übermäßig treibst du mich in die Enge, doch zu Recht. Deshalb werde ich auch die Aufgabe, so übergewaltig sie ist, auf mich nehmen, auch wenn zu sterben mir bestimmt ist.

Pelias hatte Jason aufgefordert, übers Meer zu fahren; mit seinem Wunsch, den jungen Mann loszuwerden und ihm Böses anzutun, hatte er jedoch das genaue Gegenteil bewirkt: Jason hatte beschlossen, über sich hinauszuwachsen, um erwachsen zu werden und im fernen Kolchis sein Heldentum unter Beweis zu stellen.

Wenn wir die Erpressung von jemandem nicht akzeptieren, der uns übel gesinnt ist und uns grausam scheitern sehen will, geben wir oft unser Bestes.

Aietes hingegen kannte die Schwelle nicht, jenseits derer eine Aufgabe einen Menschen nicht zu einem Helden, sondern zu einem maßlosen Wahnsinnigen macht. Der König galt bei allen als *unmenschlich*, weil er in allem maßlos war.

Was er von Jason im Tausch gegen das Goldene Vlies verlangte, war überhaupt kein Heldentum: Es war eine riesige, maßlose Mühsal.

Die Argonauten verließen betrübt den Saal des Königs, um zum Schiff zurückzukehren.

Medea folgte Jason *mit seitlichen Blicken*: Aus ihrem Zimmer beobachtete sie ihn heimlich, mit heftig klopfendem Herzen, und ihr Geist flog woanders hin.

Als er verschwunden war, lebte das Mädchen *wie in einem Traum* – ihre Gedanken waren verzaubert. Diesen Zustand kennen wir alle, wenn wir den Zauber der wahren Liebe erleben.

Das Bild des jungen Mannes tanzte noch immer vor ihren Augen und immer wieder, stundenlang erlebte sie die Begegnung, die nur einen Augenblick gedauert hatte.

Mit den Mitteln der Erinnerung prüfte sie Jason, denn sie wollte alles über ihn wissen.

Sie erinnerte sich an seine Art zu reden, seine Art zu gehen und zu sitzen, an seine Gewänder und wie er aufgestanden war, um wegzugehen. Und sie erschauerte bei der Aufgabe, die ihr grausamer Vater ihm auferlegt hatte.

Plötzlich brach Medea in Tränen aus. Sie beweinte ihn, als wäre er schon tot. *Eine Träne heftigen Mitleids rann ihr über die Wange.*

Im Bann eines unermesslichen Schmerzes wollte sie nichts mehr von den ganzen Erwachsenengesprächen, von Heldentum, Aufgaben, Erwachsenwerden hören.

Sie wollte nur Jason lieben und von ihm geliebt werden. So, wie sie waren, obgleich noch Kinder.

Schluchzend sagte sie:

> *Warum nur hält mich Arme dieses Leid umfangen? Sei es, dass dieser als vorzüglichster aller Helden zugrunde gehe, sei es als schwächerer – fahre er hin!*

Im Aufruhr der Gefühle war Medea überzeugt, *dass es keinen zweiten solchen Mann auf der Erde gab.* Aber sie wusste auch, dass Jason niemals akzeptiert hätte, ein *schwacher Mann* zu sein: lieber tot als schwach.

Genau deshalb hatte er eingewilligt, Aietes' unvernünftige Aufgabe auszuführen.

Doch allein würde er es nicht schaffen.

Niemals.

Deshalb musste sich Medea aus Liebe zu Jason bereit erklären, vom Mädchen zur Frau zu werden.

Unter Tränen begriff sie, dass sie diese Schwelle überschreiten musste, dass dies die Aufgabe war, die das Leben ihr stellte.

Sie musste aufhören, vor Liebe außer sich zu sein, sie musste wieder zur Vernunft kommen, um sich zu suchen, zu verstehen, ihre Intelligenz einzusetzen, um durch die Liebe zu reifen.

Damit sie beide, die einander fremd waren, ein Paar werden konnten.

Das also habe ich jetzt für ihn – denn Anderes, Besseres stand nicht zur Überlegung an – bedenkenlos auf mich genommen.

Mit diesen traurigen Worten erzählte Jason den Freunden, die ihn auf der Argo mit Fragen bestürmten, von Aietes' Urteil.

Allen erschien die Aufgabe unausführbar, sie blickten einander lange stumm und sprachlos an, von Unheil und Ratlosigkeit niedergeschlagen. Sie waren ins ferne Kolchis gesegelt, und jetzt mussten sie sich der Ausweglosigkeit beugen?

Sie vergaßen, dass nichts eindeutig schwarz oder weiß, eine ausweglose Sackgasse ist.

Es gibt kein absolutes Dunkel, irgendwo ist immer Licht, vor allem, wenn dichte Schatten fallen.

Selbst wenn die Entscheidung unwiderruflich scheint, weil sie uns von anderen aufgezwungen wurde, können und müssen wir uns entscheiden – es hat keinen Sinn, sich auf das Schicksal, das Unglück, die Schuld der anderen, die Ungerechtigkeit oder Bösartigkeit der Welt herauszureden.

Die Aufgabe, die wir Tag für Tag erledigen müssen, besteht darin, zu *entscheiden*, beziehungsweise zu *unterscheiden* – in unser Inneres zu blicken, uns anzuhören, uns zu erkennen und danach zu handeln. Das italienische *discernere*, abwägen, unterscheiden, ist ein wunderbares Wort, wird jedoch kaum mehr verwendet.

Es stammt von dem gleichlautenden lateinischen Wort ab, das sich wiederum vom Verb *cernere* herleitet, mit dem man ursprünglich die sorgfältige Arbeit des Durchsiebens von Mehl und Grieß bezeichnete. Später benannte man damit die noch schwierigere Aufgabe, unsere Gedanken zu sieben, vor allem die kleinsten, die fein sind wie gemahlenes Korn, um sie auseinanderhalten zu können. Und um sie schließlich kritisieren, beziehungsweise einschätzen und als das erkennen zu können, was sie wirklich sind und was sie wert sind, und uns zu entscheiden. Vom griechischen κρίνω *(crino)*, auswählen, stammt ein Wort für eine mittlerweile verpönte Handlung, weil sie von allen als Aggression, persönlicher Angriff, Böswilligkeit empfunden wird. Dabei bedeutet *Kritik* ganz einfach, die Ideen genau auseinanderzuhalten, um sie besser erkennen und beurteilen zu können.

Kritik ist eine zutiefst menschliche Haltung, die mit Weisheit, Liebe, Intelligenz, Skepsis und vor allem mit Verantwortung einhergeht.

Alle unsere Fragen werden von außen an uns herangetragen, kündigen sich fast nie an.

Die Antworten hingegen kommen aus unserem Inneren – wir sind uns jedoch unserer Sache so sicher, dass wir sie oft nicht hören wollen oder die Aufrichtigkeit und die inneren Verhandlungen nicht ertragen, die nötig sind, um *kritisch,* also *frei* zu entscheiden.

Wieder antwortete der klügste der Argonauten, der imstande war, in sein Inneres und somit nach vorne zu blicken: Peleus, der auch den ängstlichen Söhnen des Phrixos geantwortet hatte, um die Angst aus den Herzen der Gefährten zu jagen.

Folgendes sagte er zu den Freunden, die mittlerweile glaubten, keinen Ausweg und keine Wahl zu haben:

> *Es ist Zeit, sich zu beraten, was wir tun wollen. Ich meine allerdings, dass in einem Plan nicht so viel Nutzen liegt wie*

in der Stärke der Arme. Wenn du jetzt die Rinder des Aietes anzuschirren beabsichtigst, Held, Aisonide, und begierig bist nach der Mühe, dann solltest du in der Tat dein Versprechen einhalten und dich vorbereiten! Wenn aber dein Mut der eigenen Mannhaftigkeit nicht ganz vertraut, dann dräng weder dich selbst dazu, noch sitz da und schau auf einen anderen unter diesen Männern! Denn ich werde mich nicht entziehen, da doch der Tod der hündischste Schmerz sein wird.

Wie die grünäugige Eule, das Symbol der Göttin Athene, die die Fahrt der Argonauten beschützte, so konnte auch Peleus in der Dunkelheit sehen und das Ungesagte lesen, um es dann mit Worten zu erhellen.

Er erinnerte seine Freunde daran, dass die Aufgabe, die dem Menschen von anderen auferlegt wird, nicht zählt, auch wenn sie noch so groß ist.

Die einzige Aufgabe, die zählt, wird im Herzen bewältigt, das sich auf seine Kraft und seinen Mut verlassen muss.

Die Entscheidung, etwas gegen die eigene Natur zu tun, nur weil man glaubt, es gäbe keine Alternativen – es gibt immer welche! –, und der Verrat an der Treue, die den höchsten Respekt verdient – die Treue zu sich selbst, den eigenen Versprechen, den eigenen Träumen, dem eigenen Maßstab –, führen auf dem kürzesten Weg zur Niederlage.

Noch nie ist jemand gegen den eigenen Willen ans festgelegte Ziel gelangt. Im Gegenteil schafft man sich auf diese Weise den größten Feind, der dem Erreichen unseres Ziels entgegensteht: wir selbst.

Als Telamon Peleus' weise Rede hörte, regte sich sein Mut und er sprang eilends auf.

Ebenso erhoben sich Idas, *hochgesinnt,* und dazu die beiden Söhne des Tyndareus, Kastor und Pollux, und machten sich *stolz* erbötig, an Jasons Stelle die vom König verlangte Aufgabe zu erledigen.

Jason begriff, dass Mut nur aus der Entschlossenheit des Herzens entsteht. Er beschloss, Aietes herauszufordern und die schreckliche Aufgabe zu meistern.

In diesem Augenblick fiel eine kleine Taube, die vor der Gewalt eines Habichts floh, aus der Höhe voll Schrecken auf die Knie des jungen Mannes, während der Raubvogel davonflog.

Das war eindeutig ein Zeichen Aphrodites, der Liebesgöttin.

Der Seher Mopsos gab weissagend die Deutung:

> *Euch, Freunde, ist dieses Zeichen nach dem Willen der Götter geschehen. Und es ist auf keine Weise möglich, es anders [oder] besser zu deuten, [als] die Jungfrau mit Worten anzugehen und sich mit einem allumfassenden Plan an sie zu wenden. Und ich denke, sie wird es nicht gering schätzen, wenn wahrhaftig Phineus gesagt hat, die Heimkehr werde in [Händen] der Göttin Kypris liegen. Dieser ihr sanfter Vogel ist doch seinem Schicksal entkommen. Und wie es mein Herz in der Brust gemäß diesem Vogel[zeichen] voraussieht, so möge es auch geschehen!*

Die Argonauten nickten zustimmend.

Und Jason hatte nur einen Gedanken: Medea.

Die Jungfrau aber, die sich auf dem Bett zurückgelehnt hatte, fiel in einen tiefen Schlaf.

Aber da sie bekümmert war, quälten sie alsbald verführerische, verhängnisvolle Träume.

Denn ihr schien, dass der Fremde die Aufgabe nicht nur in der Absicht auf sich genommen habe, das kostbare Fell des Widders zu holen, sondern um sie als seine eheliche Gattin heimzuführen. Sie sah sich dank ihrer Zauberkraft selbst mit Leichtigkeit die Rinder anschirren und gegen die Krieger kämpfen, womit sie den Zorn des Aietes auf sich ziehen würde. Und im Traum sah sie sich vor die Aufgabe gestellt, die Zwietracht zwischen ihrem Vater und dem Fremden zu schlichten, und musste sich dabei unwiderruflich für eine Seite entscheiden. Augenblicklich folgte das Mädchen ihrem Herzen und entschied sich für den Fremden, ohne Rücksicht auf ihre Eltern.

Zitternd vor Schreck und mit Herzklopfen sprang sie auf, die Schreie ihres Vaters und des Mannes, den sie liebte, hallten noch in ihrem Kopf wider, doch ringsherum war Schweigen.

Medea spürte, dass nun ihr Augenblick gekommen war, der Augenblick, sich mit offenen Augen zu entscheiden.

Ich möchte mir ein großes und unerschrockenes Herz schaffen.
Und sie beschloss, ihre im Nebenzimmer schlafende Schwester um Hilfe zu bitten.

Barfuß und nur mit einem Hemd bekleidet, lief das Mädchen aus dem Zimmer, hielt jedoch im Hof inne, von Scham gehemmt. Sie kehrte um und ging wieder zu Bett, dann ging sie wieder hinaus, kehrte jedoch sofort wieder zurück.

Dreimal versuchte es Medea und dreimal hielt sie inne.

Beim vierten Mal warf sie sich weinend aufs Bett.

Sie konnte sich nicht entscheiden, angetrieben von Begehren und zurückgeworfen von Scham.

Die Unentschlossenheit machte sie dem Meer gleich. Sie wogte vor und zurück, ohne wirklich voranzukommen.

Sie konnte nicht von sich sprechen, nicht einmal zu sich selbst.

Bald schwebte ihr das Wort auf der Zungenspitze, bald flog es tief unten in die Brust zurück. Und oft drängte es hinauf in ihren liebreizenden Mund, um zu sprechen, gelangte aber mit der Stimme nicht weiter nach vorn.

Endlich überließ sie sich der Liebe.

Das Herz schlug wie verrückt, ihr Antlitz wurde sanfter, der Genuss vernebelte ihr die Sicht.

Sie empfand das Glück, das darin besteht, der inneren Stimme zu folgen, das uns immer schöner, leichter, vollständiger macht, alle unsere Leerstellen füllt.

Sie beschloss, dass sie am nächsten Tag im Morgengrauen Jason das Zaubermittel zur Bekämpfung der Stiere geben würde, das sie in einem Kästchen verwahrte.

Als Φάρμακον *(pharmakon)* bezeichnete man im Altgriechischen Zaubertränke und Medikamente, daher stammen auch Begriffe wie Pharmazie. Das italienische *farmaco* hat die Doppelbedeutung von tödlichem Gift und heilendem Medikament.

φάρμακος *(Pharmakos)* war in Griechenland der *Zauberer*, aber auch der *Heiler*. Wie Medea, die gleichzeitig eine gefährliche Zauberin und eine verliebte Heilerin war.

Platon verwendet in seinem *Phaidros* – einem Dialog, in dem die Liebe zur Metapher für den respektvollen Umgang mit Worten wird – die doppelte Bedeutung von *pharmakon*. Das Wort taucht innerhalb weniger Zeilen auf, allerdings mit unterschiedlicher Bedeutung.

φάρμακον *(Gift)* ist für Platon, wenn jemand ohne Wissen schreibt, die Worte um ihrer selbst willen verwendet, ohne dem anderen etwas mitteilen zu wollen: ein einsamer und unfruchtbarer Monolog, der weder Antworten noch Fragen zulässt.

Heilendes Medikament ist hingegen die Dialektik, die unaufhörliche Begegnung mit dem anderen, das genaue Sprechen auf der Suche nach der Wahrheit.

Das *pharmakon* Medeas hieß *Prometheusöl*, benannt nach dem Titan Prometheus, der von Zeus bestraft worden war, weil er den ersten Menschen, die in Armut und Elend lebten, das Geheimnis des Feuers offenbart hatte.

Dein gottgleiches Verbrechen bestand darin, freundlich zu sein, mit deinen Geboten das menschliche Elend zu verringern, schrieb Lord Byron in seinem Prometheus gewidmeten Gedicht.

Das Öl war aus dem schwarzen Blut des Prometheus gemacht, das im fernen Kaukasus auf den Boden getröpfelt war, als der Halbgott von dem Adler verfolgt wurde, den ihm Zeus zur Strafe geschickt hatte.

An dieser Stelle war eine sehr hohe und schöne Blume in der Farbe eines Krokus gewachsen. Aus ihrer Wurzel hatte Medea das Öl gewonnen und daraus ein stark wirkendes Zaubermittel hergestellt.

Wenn man sich den Körper mit diesem Zauberöl einrieb, war man einen Tag lang unempfindlich gegen die Schläge der ehernen Hufe und die Hitze des Feuers.

> *Sie wünschte, dass die aufgehende Morgenröte schnell erscheine, damit sie ihm vereinbarungsgemäß die Zaubermittel zur Bekämpfung der Stiere geben und ihm vors Angesicht treten könne. Und häufig schob sie den Riegel von ihrer Tür und hielt Ausschau nach dem Morgenschimmer. Ihr aber warf die Frühgeborene das willkommene Licht zu, und ein jeder in der Stadt begann sich zu regen.*

Als die Morgenröte anbrach, wischte sich Medea die Tränen vom Gesicht.

Sie band ihre widerspenstigen blonden Haare zu weichen Zöpfen, rieb ihre Haut mit nach Nektar duftendem Öl ein und schlüpfte in ihr schönstes weißes Gewand, das von fein ziselierten Spangen zusammengehalten wurde.

Sie nahm das Kästchen und versteckte den Zaubertrank unter ihrem Busenband. Und während sie auf einen günstigen Moment wartete, um Jason zu treffen, ging sie im Palast auf und ab, die Kümmernisse vergessend, die in unermesslicher Zahl ihrer harrten.

Wir alle wollen frei sein, wir alle lechzen nach Freiheit.

Libertas auf Lateinisch, ἐλευθερία *(eleutheria)* auf Griechisch, beide Worte stammen von der alten indoeuropäischen Wurzel **eudhero* ab, was *der, der zum Volk gehört* bedeutet.

Freiheit ist also immer schon der Zustand des Menschen gewesen, der ohne Fesseln geboren wurde, im Gegensatz zum *servus*, zum Sklaven, oder dem Mittelding, dem *libertus,* dem befreiten Sklaven.

Nur der freie Mensch kann sich dafür entscheiden, einer Sache anzugehören, die über dem einzelnen Individuum steht – dem Staat, einer Religion, einer Familie, einer Liebe, einem Beruf.

Der Sklave gehört jemandem wie ein Ding, er befindet sich in jemandes Besitz.

Der Wunsch, nicht länger Sklave, sondern frei zu sein, treibt die Geschichte voran, sowohl die Weltgeschichte, als auch die persönliche Geschichte jedes einzelnen Menschen.

Im Namen der Freiheit wurden Protestbewegungen, Revolten und Kriege angezettelt – Revolutionen, die imstande waren, die geografischen und ethnischen Grenzen ganzer Völker zu verschieben, und ganze Epochen neu definierten.

Aufgrund seines Verlangens nach Freiheit hat der Mensch immer wieder darauf verzichtet, Individuum zu sein, und sich anderen Menschen angeschlossen. Um nicht länger *einer* zu sein, sondern *einer von* ... – von jenen, die Geschichte gemacht und verändert haben. Frei ist man nur, wenn man zu jemandem gehört oder etwas angehört, das größer ist als wir. Einsamkeit hingegen führt in die kleine Welt der Sklaverei.

Tag für Tag, seit dem ersten, fordern wir lautstark Freiheit, wir erklären sie zur Ehrensache, wir kämpfen gegen die, die uns daran hindern, frei zu entscheiden, was wir tun, wohin wir gehen, wie wir denken, an wen wir glauben, wen wir lieben.

Zweifellos lohnt es sich, für die Freiheit aufzustehen, die Stimme zu erheben, die Hände emporzurecken. Und es lohnt sich, die anderen zu befreien.

Oft vergessen wir jedoch, dass Freiheit nicht nur ein Recht ist, sondern auch mit einer Pflicht einhergeht: der Pflicht, sich zu entscheiden. Zu entscheiden, von wem oder wovon wir uns befreien wollen und was wir dann mit der gewonnenen Freiheit anfangen wollen.

Wozu sonst sollten wir frei sein?

Die Bedeutung des griechischen Wortes Freiheit war so zutiefst menschlich, dass sie etwas Politisches, ja universell Gültiges ausdrücken konnte.

Sie bestand nicht nur in der Möglichkeit, frei von einem Tyrannen, einem Fremden, einem Herrn zu sein, sondern vor allem in der Entscheidungsfreiheit.

Wie sie auch Jason, Medea und die Argonauten hatten.

Freiheit ist somit eine Reise, die wir unternehmen müssen. Und aus diesem Grund macht sie uns schon seit jeher Angst.

Alle wollen von etwas frei sein, doch in dem Augenblick, in dem wir frei werden, müssen wir uns für etwas entscheiden.

Und entscheiden bedeutet immer, auf etwas oder auf jemanden zu verzichten.

Ich kenne niemanden, der sein Leben dafür geopfert hat, sich Sklave nennen zu dürfen – ich kenne jedoch viele, die ihr Leben vergeudet haben, weil sie von der Verantwortung, allzu frei zu sein, zermalmt wurden.

Der Raum zwischen den beiden einfachen Präpositionen frei *von* und frei *für* bestand für die Griechen im Maßhalten, nie im Exzess. Die erste Inschrift am Orakel von Delphi lautete „Erkenne dich selbst" die zweite erinnert uns daran, dass wir Maß halten müssen, wenn wir als freie Menschen leben wollen: μηδὲν ἄγαν *(medén àgan)*, sagt das Orakel, „nichts im Übermaß".

Darin besteht das Wesen der Freiheit im griechischen Denken, in seiner ganzen Würde und Fülle.

Heldentum

> Lassen Sie sich nicht einlullen, werden Sie nicht nachlässig.
> Der Mensch ist bereit, eine Menge Geld für Komfort und Äußerlichkeiten zu bezahlen, gibt jedoch nur widerwillig einen Cent aus, um seinen kostbarsten Besitz zu beschützen: sein Leben.
> Der Grund dafür liegt auf der Hand: Komfort und Äußerlichkeiten sind alltäglich, doch der Tod ist jenseits aller Erfahrung. Er betrifft einen nicht. Er betrifft immer nur die anderen.

In seinem wunderbaren Essay „Helenas Exil" aus *Heimkehr nach Tipasa* denkt Albert Camus darüber nach, wie weit wir uns von der natürlichen Lebensweise des antiken Griechenland entfernt haben, wie sehr wir im Exil sind. Er schrieb:

> *Nemesis wacht, die Göttin des Maßes, nicht der Rache. Alle, die die Grenzen überschreiten, werden von ihr unerbittlich bestraft.*

Heute verstehen wir unter Nemesis für gewöhnlich die vom Schicksal auferlegte Strafe – für die alten Griechen war Nemesis jedoch etwas ganz anderes.

Camus erinnert uns daran, dass die mythologische Figur der Nemesis das Maß der menschlichen Gerechtigkeit darstellte, für gerechten, tröstlichen Ausgleich sorgte und die Maßlosigkeit bestrafte, die im Gegensatz dazu nur Angst und Leid mit sich bringt.

Ihr Name stammt von dem Verb νέμω *(némo)* ab, das „verteilen" bedeutet, doch sie verteilt keine Belohnungen und übt keine Rache, sondern setzt Grenzen und Maßstäbe.

Wie auch das lateinische Wort *discernere* nahelegt, war die Aufgabe der Nemesis ganz privat, individuell, unsichtbar – jeder Mensch musste sich in seinem Leben seinen Möglichkeiten entsprechend unter Beweis stellen.

Im Epos *Die Fahrt der Argonauten* war der Seher Phineus von den Göttern bestraft worden, weil er seine Gabe nicht im richtigen Maß einsetzte und nicht erkannte, wie viel er den Menschen offenbaren sollte. Und Jason konnte die maßlose Aufgabe nur mithilfe von Medeas Fähigkeiten lösen.

Νέμεσις (Nemesis) kümmerte sich um die Entscheidungen der Menschen, nicht um Gerechtigkeit im Sinne von Recht: Das war vielmehr die Aufgabe von Δίκη (Dìche).

Als die Römer und ihre Sicht auf die Welt, die noch immer unsere Wahrnehmung trübt, einen Großteil des griechischen Pantheons übernahmen, verstanden sie nicht den Unterschied von Grenze und Strafe, von persönlicher Entscheidung und gesellschaftlicher Ordnung. Nemesis wurde also aufgegeben, von nun an wurde sie mit den Launen und der Rache des Schicksals verwechselt. Die Bedeutung von *maßvoll* ging auf immer verloren, und das antike Rom überantwortete sich zur Gänze Iustitia, der Göttin mit der Waage in den Händen, dem Äquivalent der griechischen Δίκη (Dìche), die im Falle eines Gesetzesbruchs Strafen verhängte.

Heute leben wir in einer Zeit der Exzesse und allgemeiner Maßlosigkeit – und dennoch beklagen wir uns ständig darüber, wie wenig wir tun können.

Wir besitzen immer mehr, wissen aber nicht, was wir damit anfangen sollen.

Wir fürchten die Verantwortung, die mit Freiheit einhergeht, deshalb sind wir wie gelähmt, betäubt vom Exzess, stellen nicht allzu viele Fragen, vor allem nicht uns selbst.

Wir respektieren die Gesetze des Staates, die Etikette am Arbeitsplatz, den Verhaltenskodex der sozialen Netzwerke und alle anderen Verhaltensregeln, die uns von anderen auferlegt werden. Und denken, das reiche, um frei und glücklich zu leben.

Wir erinnern uns fast nie daran, dass die Gesetze der Seele einer anderen, inneren Logik gehorchen – und dass wir selbst der endgültige Richter über unsere Lebensart sind. Doch wir treten diese Gesetze mit Füßen, ignorieren sie, schlagen lieber über die Stränge, geben uns Exzessen hin – Worte, die ursprünglich keinerlei moralische und schon gar keine juristische Nebenbedeutung hatten, die jedoch, genau wie das lateinische *excessus* und *transgressus,* bedeuten, *eine Grenze zu überschreiten, etwas im Übermaß zu tun.*

Die Grammatik der griechischen Freiheit, die verlangt, im richtigen Maß zu handeln, ist inzwischen verlorengegangen, wir verstehen nicht mehr die Worte, die die Seele Tag für Tag an uns richtet. Verwirrt versuchen wir zu antworten, stottern in ihrer Sprache, die wir jedoch nicht mehr verstehen. Wir erleben jede Grenze als zu überwindendes Hindernis und nicht als Hinweis, als einen Wegweiser zu Glück und Freiheit.

Da wir alle maßlos sind, sind wir einander so ähnlich geworden, dass die Soziologen uns mühelos anhand der Tatsache klassifizieren können, ob wir ein iPhone besitzen oder nicht, anhand dessen, was wir einem unbekannten Algorithmus zufolge oder aufgrund unserer „Kaufkraft" als nächstes bei Amazon bestellen werden. Das zeitgenössische Klassifizierungsmodell besteht aus

Buchstaben und vor allem aus Geld – nicht aus Gedanken, Idealen, Werten.

Und so nehmen wir unseren Platz irgendwo zwischen den *Baby Boomern*, den Generationen X, Y und schließlich Z, den *digital natives* und *IT-Analphabeten* ein – Definitionen, die wir nicht einmal richtig verstehen. Doch man sagt uns, in diesen Kürzeln sei das enthalten, was wir an unseren Kindern, unseren Eltern, sogar an uns selbst nicht begreifen. Unterdessen wachsen namenlose Generationen heran, die auf Armut nicht vorbereitet sind.

In der von der Konsumgesellschaft auferlegten Uniformität kann man sich nur mithilfe von Exzentrizität von den anderen unterscheiden.

Wehe, man ist normal, maßvoll, einfach menschlich. Es ist gefährlich, sich die eigenen Leidenschaften einzugestehen. Unaussprechlich sind unsere Schwächen in einer Zeit, in der die Suche nach der absoluten Perfektion oder der totalen Exzentrizität, dem Spleen, so maßlos ist wie die Grausamkeit des Aietes.

Wir sind lieber exzentrisch, *ex-centrum,* aus dem Gleichgewicht, und nicht im Gleichgewicht, in uns ruhend; wir ziehen es vor, als jemand geliebt zu werden, der wir nicht sind, und nicht als das geliebt zu werden, was wir wirklich sind.

Angefangen bei Homer haben sich die Griechen jahrhundertelang mit der Idee der Gerechtigkeit beschäftigt, die nur ein Maß kannte: das menschliche.

Und dasselbe galt auch für die Kunst, die Poesie, die Wissenschaft, die Architektur: Der Mensch war der Maßstab; obwohl sterblich, war er groß. Der Mensch, der frei war, ein Held zu sein, also wirklich und zutiefst er selbst.

Die allgemeingültigen Werte, die der griechischen Kultur zugrunde lagen, gingen der einzigartigen Aktion, dem Augenblick, der Geste eines Augenblicks voraus. Sie existierten schon davor, vor allem anderen.

Deshalb setzten die von der Nemesis bewachten Grenzen der menschlichen Freiheit keine Schranken, sondern waren vielmehr ihre Vorbedingung und unterstrichen ihre Schönheit.

Heute – während wir Türen einschlagen, Brücken niederreißen, die Vergangenheit vernichten – stehen Werte kaum im Zentrum unseres Denkens.

Jede menschliche Grenze beengt uns, wir verfallen einer Sache oder anderen gegenüber gern in Extreme und verwechseln diese kollektive Trunkenheit mit der höchsten Ausübung der modernen Freiheit.

So leben wir maßlos, allenfalls als „schwächere Menschen", wie das antike Mädchen namens Medea sagt.

Wir wollen nicht leiden, wir wollen auf nichts verzichten, wir wollen alles. Wir lassen uns zu banalen Gesten hinreißen – wenn wir einen Hashtag à la *#jesuis* setzen, sind wir jemand –, wir empören uns darüber, dass Arbeiterinnen ausgebeutet werden, um billige Kleider zu nähen, gleichzeitig wären wir bereit, einen Mord zu begehen, wenn uns beim Ausverkauf bei Zara jemand ein Schnäppchen vor der Nase wegkauft.

Die Informationsflut hat allerorts schlechte Qualität und banale Inhalte hervorgebracht. Wir vergessen sie augenblicklich, nachdem wir eine Seite angeklickt, das x-te Sequel im Kino gesehen, die ersten zehn Seiten eines Leitfadens gelesen haben, wie man 120 Jahre oder älter wird.

Wir lassen uns alle Rechte nehmen, die unsere Väter für uns erkämpft haben, und haben keine Pflichten mehr, sind also nicht frei, wir sind Sklaven von irgendetwas, jeder auf seine Weise.

Ohne menschliche Werte brüllen wir wie Urmenschen, um unsere „Traditionen" zu verteidigen, wir beharren darauf, dass

„man es immer so gemacht hat", und vergessen, wie heterogen die Völker waren, die uns vorausgegangen sind. Stattdessen greifen wir den anderen wegen seiner Hautfarbe, seiner Religion, seinem Herkunftsland an – das Mittelmeer, über das die Argo fuhr, ist ein Friedhof geworden.

Mit jedem Tag werden wir orientierungsloser und verwirrter, weil unser Wertespeicher leer ist, nachdem wir ihn jahrelang geplündert haben. Wir sind verängstigt, schutzlos, allein – doch unser Hauptfeind ist nicht der Fremde, der Schuldige, der Eindringling, der andere: Wir selbst sind unser Feind, die wir Tag für Tag widerwillig und gegen unsere Natur leben.

Die antiken Griechen haben immer versucht, sich mithilfe der ἁρμονία (Harmonie) vor dieser von Maßlosigkeit und Unbeherrschtheit hervorgerufenen Entfremdung zu schützen. Harmonie ist eines meiner Lieblingswörter, denn es bedeutet „verbinden, im richtigen Maß zusammenfügen".

Die griechischen Worte für Kunst, Freundschaft, Tugend – ἀρῶ *(aro),* ἀρθμός *(arthmos),* ἀρετή *(aretè)* – weisen alle den aus dem Sanskrit stammenden Stamm -ar auf, der auch in *armonia* (Harmonie) zu finden ist. Genauso wie in ἀριθμός (*arithmos* = Zahl). Davon stammt Arithmetik ab, nicht nur in der Hauptbedeutung von Mathematik, sondern vor allem von Kunst, sich in der menschlichen Mathematik und ihren Zahlen, den Additionen und Subtraktionen, die sie uns stets auferlegt, auszukennen.

Man braucht ja nur einen griechischen Text, eine Tragödie oder Komödie zu lesen und zur Akropolis in Athen aufzublicken: Bei den Griechen war zwar alles erhaben und heroisch, doch nichts war maßlos, jenseits der von Nemesis festgelegten Grenze.

Und folglich war auch nichts verboten, weder die Liebe noch das Heilige, weder Schwäche noch Tränen, weder Logik noch scharfes Denken.

Heute ist vieles von dem, was die Griechen geschaffen haben, um den Menschen auf seiner Lebensreise zu begleiten, in Gefahr oder liegt vergessen in den Archiven.

Die Theater schließen, das Vertrauen in die Politik ist so gut wie null, die Religion, sowohl die eigene als auch die der anderen, ist zu einem Anlass für Argwohn und Verstimmung geworden, wenn etwas nicht funktioniert, ist immer jemand anderer schuld, auf den wir mit dem Finger zeigen können, die prekären Arbeitsverhältnisse machen uns zu taumelnden Freigelassenen, die Städte sind Verkehrs- und Designhöllen ohne menschliches Maß.

Unser Exzess ist kindisch, genauso wie unsere Angst.

Wir haben keine Ahnung, welche Barbaren vor den Toren stehen. Doch wir leben wie ängstliche Kinder, wie der blutjunge Romulus Augustulus, der letzte Kaiser des weströmischen Reiches, der von Odoaker mit einem Klaps auf die Wange abgesetzt wurde.

Ohne Grenzen sind wir eine Schar quengelnder, jähzorniger Kinder geworden, die das Spielzeug wegwerfen, lächelnd ein neues entgegennehmen, das genauso wertloser Plunder ist.

Wir haben keine festgelegte Route mehr, es gibt nur noch den blinden Zufall, den die Griechen mehr fürchteten als jeden Krieg – ein Umherirren zwischen Felsen, banale Abfolge von zufälligen Ereignissen, für die niemand Verantwortung übernimmt.

Darin besteht die Unfähigkeit, sich zu entscheiden, und somit die endgültige Kapitulation vor den Launen des Schicksals.

Als Ἀνάγκη *(Ananke)* bezeichneten die Griechen die Kapitulation des menschlichen Heldentums: die Notwendigkeit, dem zu gehorchen, was kommt. Ohne die Möglichkeit, eine Entscheidung zu treffen.

Der Mythologie zufolge baute König Minos auf der Insel Kreta das Labyrinth von Knossos, um darin das Ungeheuer Minotaurus einzusperren, ein wildes Wesen mit menschlichem Körper und dem Kopf eines Stiers.

Wie Vergil im fünften Buch der Äneis schreibt, bestand das Labyrinth aus ineinander verschachtelten Räumen, Wegen und kreisförmigen Gängen. Es war vom Architekten Dädalus entworfen worden, der nach der Fertigstellung gemeinsam mit seinem Sohn Ikarus darin gefangen war.

Um zu fliehen, erfand er mit Wachs befestigte Flügel, die zum Tod des Jungen führten. Aus übergroßer Neugier näherte er sich zu sehr der Sonne, das Wachs schmolz und er stürzte auf die Erde.

Daraufhin tötete Theseus, der Sohn des Königs von Athen, den Minotaurus, der alle neun Jahre sieben Jungfrauen und sieben Jünglinge aus der Stadt als Menschenopfer forderte.

Das gelang ihm nur mithilfe von Ariadne, der Tochter des Minos, die sich in ihn verliebt hatte.

Nach vielen Qualen beschloss die junge Frau, sich der Liebe hinzugeben, und half Theseus, aus dem Labyrinth herauszufinden, indem sie ihm ein Knäuel roter Wolle gab, sodass er beim Rückweg dem Faden folgen konnte.

An dem grauen und regnerischen Novembertag, an dem ich in klassischer Philologie promovierte, ließ ich mir das Labyrinth von Knossos auf die Fußfessel tätowieren – so, wie es auf einer der dreiunddreißig Münzen aus minoischer Zeit dargestellt ist, die auf der Insel Kreta gefunden wurden. Der ahnungslose Tätowierer verzweifelte fast angesichts der präzisen, verschlungenen Linien.

Im Lauf der Jahre haben viele Neugierige versucht, wie Theseus aus dem Labyrinth herauszufinden.

Versuchen es auch Sie, folgen Sie mit dem Finger oder mit einem Kugelschreiber den weißen Linien.

Alle sind in der Mitte losgegangen und haben versucht, irgendwo entlang des imaginären Parcours den Ausgang zu finden, der oben rechts auf dem Bild deutlich zu sehen ist.

Der Fehler liegt in der Methode und somit beim Maßstab. *Metro,* Maßstab, und *metodo,* Methode, stammen, wie wir noch sehen werden, von demselben Wort ab.

Da das Labyrinth – vielleicht die älteste Metapher für menschliche Grenzen – in sich potenziell grenzenlos ist, ist es unmöglich, es sich als Ganzes vorzustellen.

Man muss vielmehr vom Inneren des Labyrinths aus denken und sich vom Zentrum aus rückwärts bewegen; sofern man keine Flügel hat, muss man ja irgendwie hineingekommen sein.

Nur wenn man im Labyrinth ist, kann man den Weg hinaus finden, nie andersherum.

Das Labyrinth in Kreta ist das Symbol des Gefängnisses, in dem man landet, wenn man jede Situation und jedes Problem mit ein und demselben Denkmodell zu lösen versucht, mit demselben öden Schema, das nur vorgefertigte Antworten zulässt, wenn man wie ein Roboter jemand anderem gehorcht, wenn wir uns weigern, unseren eigenen Weg zu gehen.

Wenn wir uns aus einem Labyrinth oder von einer Angst befreien wollen, die uns zu ihrem Sklaven macht, müssen wir eine Frage stellen.

Die Antwort, den Weg können wir nur in uns finden, wir müssen (rückwärts) aus unseren Denkschemata hinausgehen, ohne etwas dem Zufall oder dem Klischee zu überlassen.

Die Kunst, entscheiden zu können, die *griechische Harmonie*, besteht im Schmerz der Aufrichtigkeit, die mit dieser Bewusstwerdung einhergeht.

Die Griechen verehrten eine Göttin, die die sich ständig verändernden Entscheidungen beschützte, die uns das Leben immer wieder abverlangt: Μῆτις (Mètis), die Mutter der Pallas Athene, der klugen jungfräulichen und kriegerischen Göttin, die unter anderem auch die Fahrt der Argonauten beschützte.

Mètis verkörperte die Fähigkeit, fest und zugleich geschmeidig auf dem Boden der Tatsachen zu stehen, indem wir unsere Schwächen zu Verbündeten überraschender Entscheidungen machen. Sie verkörperte den Scharfsinn, der darin besteht zu verstehen, dass uns gerade etwas zustößt, und danach zu handeln, auch wenn jede Änderung Schmerz und Mühe bedeutet.

Mètis verkörperte die Anpassungsfähigkeit, die den Sieg ermöglichte, auch wenn – außer uns selbst – niemand mehr eine Lösung oder einen Ausweg für möglich hält. Immer, wenn uns gesagt wird, dass etwas unmöglich ist oder es keine Alternativen gibt, müssen wir – wie im berühmten Labyrinth von Knossos – Zuflucht bei Mètis suchen.

Ihr größter Feind war der Zufall, das blinde Handeln, das Weiterwursteln, nur um zu sehen, wie es weitergeht – das „Morgen-ist-auch-noch-ein-Tag" der Göttin Ἀνάγκη (Ananke).

Mètis verkörpert also die Fähigkeit, eine Entscheidung zu treffen, die Wirklichkeit zu erkennen und zu reagieren, ein aufrichtiges und heldenhaftes Denken, das nach den Griechen zwar aufgegeben wurde, aber heute als unverzichtbarer Wert in unser aller Leben zurückkehrt.

Der Name der Göttin des klugen Ratschlags und der Grenze leitet sich von dem indoeuropäischen Stamm *me ab, den wir überraschenderweise in vielen Worten wiederfinden.

In μέτρον *(metron)* zum Beispiel, das ebenfalls *Maß* bedeutet.

In μήδομαι *(medomai)*, einem Verb, das *nachdenken, ausdenken*, aber auch *heilen, sich kümmern* bedeutet.

In Μήδεια (Medeia), das die *Ratwissende* bedeutet.

Medea.

Zärtlichkeit

> Unterschätzen Sie nie die gute Laune. Gute Laune gibt Ihnen Mut und Zuversicht. Das Fehlen von Mut und Zuversicht hat mehr Schaden angerichtet als Trinkwassermangel. Es hat mehr Matrosen das Leben gekostet als Bomben und Torpedos. Gute Laune ist oft das Ergebnis von ganz banalen Dingen. Vergessen Sie nicht die kleinen Dinge, die zu guter Laune beitragen.

Ein altes, vom Balkan stammendes Sprichwort lautet mehr oder weniger: „Überleg es dir gut, bevor du auf der Suche nach Glück in die Ferne aufbrichst, vielleicht bist du schon glücklich."

Das Glück ist oft klein, gewöhnlich, unspektakulär, viele von uns sind nicht imstande, es zu erkennen. Manchmal bräuchte man sich vielleicht nur umzusehen.

Jason begab sich zum Tempel der Hekate, wo das Treffen mit Medea stattfinden sollte.

Laut Apollonios von Rhodos war *noch keiner so gestaltet unter den früheren Männern, weder unter den Helden […] noch unter denen, die vom Blut anderer Unsterblicher entsprosst waren, wie die Gattin des Zeus an jenem Tag den Iason ausstattete, sowohl, wenn man ihm ins Antlitz sah, als auch, wenn man ihn reden hörte.*

Bei den Griechen kam Schönheit nicht nur im Körper, sondern vor allem in den Worten zum Ausdruck und in der Kunst, sie im richtigen Moment einzusetzen.

Der einzigartige Augenblick, der aufrichtige Worte erfordert, wird im Griechischen καιρός *(kairos)* genannt – der günstige Zeitpunkt in einem Kontinuum von Zeit, die hingegen χρόνος *(chrònos)* hieß.

Kairos ist der Augenblick, in dem etwas Einzigartiges geschieht, das imstande ist, das Leben eines Menschen auf immer und ewig zu verändern, ein Augenblick, der keine Vergangenheit und keine Zukunft, sondern nur Gegenwart kennt.

Jason schritt also auf seinen Kairos zu, dank Heras Beschluss und Aphrodites Ruf *in Anmut erstrahlend*.

Jason ging auf Medea zu.

Die Schönheit hatte bei den Griechen viel mit Worten zu tun, deshalb findet man in der *Fahrt der Argonauten* so gut wie keine körperliche Beschreibung der beiden Protagonisten. Wie übrigens in der ganzen griechischen Literatur gibt es nur spärliche Hinweise auf ihr Aussehen, wohingegen ihre Seele bis in den letzten Winkel erforscht wird.

Über Jason und Medea wissen wir nur, dass die Liebe sie schöner machte, dass sie *xanthoi,* blond waren und strahlend blaue Augen hatten. Ihre Arme waren weiß, die Finger rosig, sie hatten eine helle Hautfarbe und eine weiche, nach Honig duftende Haut.

Wissenschaftler, vor allem der österreichische Altphilologe Karl Jax, haben oft darauf hingewiesen, dass auch die homerischen Helden alle blond sind: Achill ist blond, und blond sind auch Menelaos, Rhadamanthys, Briseis, Meleagros, Agamede, Hermione. Die einzige Ausnahme ist Odysseus. Helena, um die in Troja gekämpft wird, ist blond, und blond ist auch Penelope in der *Odyssee*. Kurz und gut, unter den Heldinnen gibt es keine einzige mit schwarzen Haaren, was seltsam ist, wenn man bedenkt, dass die Griechen mediterranen Ursprungs waren. Bis ins Mittelalter wurden sie in der Kunst immer als blond und sehr hellhäutig dargestellt, erst wir Modernen haben sie wieder – was viel plausibler ist – zu Dunkelhaarigen gemacht. Unvergesslich ist Maria Callas als Medea in Pasolinis gleichnamigem Film.

Bei den Göttern ist Aphrodite blond, genauso wie Demeter. Athene, die hellblonde Göttin mit den eiskalten Augen, sticht hervor, sie wurde γλαυκῶπις (Glaukopis) genannt. Der Begriff setzt sich aus dem Adjektiv γλαυκός *(glaukos)*, leuchtend, silbern, aber auch blau und grau, und ὄψ *(ops)*, Auge oder auch Gesicht, zusammen. *Glaukopis* wird meistens mit *strahlender Blick* oder *helläugig* übersetzt.

Blond und erhaben stand die Athene-Statue aus Gold und Elfenbein mitten auf dem Parthenon, auf ihrer Hand saß die Eule, das Tier, das ihr heilig war und dessen Augen in der Dunkelheit sehen und die menschliche Seele durchdringen.

Wunderbar ist auch das griechische Wort für Pupille: ἶρις *(Iris)* beziehungsweise Regenbogen. Den alten Griechen zufolge hatte der Blick – Auge in Auge – eine irisierende bzw. in den Farben des Regenbogens schillernde Kraft, die in der Seele eine starke Bewegung hervorruft.

Im Lauf der Jahrhunderte hat es zahlreiche Untersuchungen zu den körperlichen Eigenschaften der Helden und Götter und ihrer Bedeutung gegeben. Hirten, Fischer und gewöhnliche Bürger sind in den Texten nämlich nie blond. Der Großteil der Untersuchungen beruft sich auf anthropologische Studien, wonach die Griechen germanischen oder slawischen Ursprungs und aufgrund der Migration der Achäer nach Hellas gekommen seien.

Der poetische Wert der weizenblonden Haare Medeas und Jasons kommt am besten in einem spanischen Wort, dem Adjektiv *raro* zum Ausdruck, das nicht nur *selten* und *schwierig zu finden*, sondern auch *kostbar* bedeutet: etwas, das so liebenswert ist, dass man es bewahren muss wie einen Schatz.

Einmal abgesehen von allen (plausiblen) historisch-anthropologischen Erklärungen ist es kein Zufall, dass der Hinweis auf die blonden Haare und die blauen Augen immer in dem Augenblick erfolgt, in dem die menschlichen Protagonisten die Schattenlinie überschreiten, die sie vom Heldentum trennt.

Wie jetzt, in dem Augenblick, in dem Medea und Jason sich ineinander verlieben.

Das Mädchen wartete auf ihn und sang mit den Mägden, die es um sich geschart hatte, im Chor, doch immer wieder vergaß es den Text und hielt verwirrt inne.

Das Herz zersprang ihr in der Brust, sooft sie das Geräusch eines Schrittes oder des Windes vorüberhuschen wähnte.

Dann kam Jason zu ihr und *erregte durch sein Erscheinen eine Qual schmerzlichen Verlangens.*

Die Mägde gingen und Medea blieb allein, es wurde ihr schwarz vor Augen und hitzige Röte überzog ihre Wangen. Die Knie wurden ihr weich, ihre Füße waren wie gelähmt, und sie konnte keinen Schritt mehr tun.

Medea und Jason standen einander gegenüber, allein.

Zart und eindrucksvoll zugleich ist das Bild, das Apollonios von Rhodos für den einzigartigen, beunruhigenden, erhabenen Augenblick findet, in dem wir stumm sind und *kurz davor,* zum ersten Mal miteinander zu sprechen, uns zu verlieben.

Ein klarer Moment des Kairos.

Und die beiden standen stumm und sprachlos beieinander und glichen den Eichen oder hohen Tannen, die zuerst, bei Windstille, ruhig in den Bergen wurzeln, doch dann wieder, wenn sie unter dem Ansturm des Windes bewegt werden, endlos rauschen: So nun hatten die beiden den Wunsch, unter dem Fächeln des Eros ausgiebig miteinander zu reden.

Als erster sprach Jason.

Er bat sie, sich vor dem, was ihr geschah, nicht zu fürchten.

Er käme als einfacher fremder Reisender zu ihr, ohne Heimat, mit nur einem Land, aus dem er stamme, dem fernen Griechenland, weil er sein Schicksal angenommen habe und nun eine schreckliche Probe bestehen müsse.

Er brauche sie und ihre Hilfe, erklärte der Held ohne Scham, genau wie Theseus, *den einst die Jungfrau Ariadne von schlimmen Mühsalen erlöst hatte.* Nur dank des Mädchens habe dieser aus dem Labyrinth fliehen können. Ariadne habe daraufhin beschlossen, mit Theseus als dessen Gattin ihr Vaterland zu verlassen, sie habe Kreta und ihrer Familie auf immer den Rücken gekehrt.

Zum Andenken an ihren Mut leuchtet jede Nacht am Himmel ein Sternbild, das ihren Namen trägt: die Nördliche Krone oder Krone der Ariadne.

Medea blickte Jason in die Augen und wusste nicht, wie sie anfangen sollte. Am liebsten hätte sie ihm alles zugleich gesagt.

Da beschloss sie, fürs Erste nichts zu sagen, sondern etwas zu tun. Aus ihrem Busenband holte sie das Zaubermittel hervor und drückte es ihm in die Hand.

Sogar ihre Seele hätte sie sich aus der Brust gerissen und ihm gegeben, dachte Medea, wenn er sie darum gebeten hätte.

Und ihr wurde im Inneren [zärtlich] ums Herz, und sie schmolz dahin, wie Tau rings auf Rosen dahinschmilzt, wenn er sich im morgendlichen Licht erwärmt.

Zärtlichkeit, *tenerezza*: die Fähigkeit, uns einem anderen gegenüber als zart, zerbrechlich, weich wie Samt, leicht, zu erweisen.

Das lateinische *tener* bedeutet aber auch *jung*, nicht im Sinn von infantil wie heutzutage, sondern fähig, ein echtes, kindliches Staunen angesichts des Neuen zu empfinden, das das Leben bereithält, ein Staunen, das weder Alter noch Jahreszeiten kennt. Alle unsere Waffen und Rüstungen abzulegen, nichts mehr beweisen zu müssen, nicht so tun zu müssen, als wären wir jemand, der wir gar nicht sind. Kostbar in unserer Nacktheit und Zerbrechlichkeit, Kinder, die eben auf die Welt gekommen sind, Neugeborene, in der Liebe neu Geborene, vertrauend darauf, dass sich jemand unserer annimmt, die wir winzig klein sind, ohne uns zu verletzen und ohne uns zu beurteilen.

Von derselben indoeuropäischen Wurzel **ten* lässt sich ein kleines Vokabular der Zärtlichkeit ableiten.

Aus dem lateinischen *tendeo* ergibt sich die zeitliche Dimension der Zärtlichkeit, die Bereitschaft zu warten (das italienische *attendere*), der Liebe all die Zeit zu geben, die sie braucht.

Aus dem griechischen τείνω *(teino)*, dem lateinischen *teneo*, ergibt sich hingegen die räumliche Dimension der Zärtlichkeit, denn die Liebe ist niemals Besitz, Hindernis, Schlinge, sondern Spannung, Bewegung in Richtung des anderen, der nicht Ich ist. Daraus entwickeln sich die italienischen Verben *estendere* (ausdehnen), *tendere* (hinstrecken), *protendere* (sich vorbeugen).

Die Antiken wussten, dass die Liebe Kraft braucht, um jemanden auszuwählen, und Zärtlichkeit, um gelebt zu werden.

Um zuerst für unsere Schwächen geliebt zu werden, die dann zu Zärtlichkeit und schließlich zu Zartheit werden.

Im Jahr 1678 entdeckte der Florentiner Anatom Stefano Lorenzini, dass der Kopf des schrecklichsten Meeresungeheuers, des Hais, von einer Unzahl kleiner Elektrorezeptoren bedeckt ist, die nach ihm *Lorenzinische Ampullen* genannt werden. Dank dieser Sinnesorgane können die Haie im Wasser selbst die winzigste Änderung des elektromagnetischen Feldes wahrnehmen – die Kraft der Strömung, Temperaturschwankungen, das Rauschen einer Seeanemone, den Herzschlag einer Beute, die sich im Sand versteckt.

Aus diesem Grund haben die Menschen seit Urzeiten eine Heidenangst vor dem Hai, empfinden aber auch eine starke Faszination – ihm zu Ehren haben sie Legenden, Märchen und viele Alpträume erfunden.

Dieser Sinnenkompass des Hais hat jedoch eine Schwachstelle, die menschliche Zärtlichkeit, die in der DNA des Tiers nicht vorgesehen ist. Wenn man die Haischnauze zärtlich berührt, werden alle Ampullen außer Kraft gesetzt, das Tier wird in einen Zustand vertrauensvoller Hingabe, der Starre und Gefügigkeit versetzt, sodass es sich von den Händen des Menschen wie eine Marionette durchs Wasser führen lässt.

Das Phänomen der Starre ist wissenschaftlich noch nicht geklärt, es ist vor allem Tiefseetauchern bekannt – Menschen, die im Meer in die Tiefe und außerhalb des Meeres unter die Oberfläche der Dinge tauchen.

Es hat jedoch den Anschein, dass weibliche Haie dafür anfälliger sind als männliche.

Die Zärtlichkeit ist also imstande, ein riesiges, einsames und wildes Tier wie den Hai zu zähmen.

Auch wir leben heutzutage wie Haie, online und offline haben sich Mythen und Legenden über uns gebildet, die Fotos unserer

Ex sind für alle verfügbar, unsere Feinde müssen keine Sensoren entdecken, sie brauchen nur eine gute Suchmaschine, um alles über uns herauszufinden und unseren Schwachpunkt zu treffen.

Doch suchen wir nicht verzweifelt eine zärtliche Geste, ein freundliches Lächeln, ein aufrichtiges *Guten Tag* vonseiten eines Unbekannten, ein *Danke* für eine alltägliche Geste, die offenbar noch niemand zuvor bemerkt hat?

Wie viel Zärtlichkeit brauchen wir, um *tenui*, leicht, zu leben?

Zweitausend Jahre nach den Versen, die von der Zärtlichkeit Medeas erzählen, schrieb Antoine de Saint-Exupéry folgende Worte an seinen Freund Léon Werth, dem er *Den kleinen Prinzen* gewidmet hatte.

> *Zu dir kann ich kommen, ohne eine Maske aufzusetzen oder zu spielen, ohne auch nur einen winzigen Teil meiner inneren Welt zu verraten. Bei dir muss ich mich nicht rechtfertigen, nicht verteidigen, ich muss nichts beweisen. Ich bin dir dankbar, dass du mich so akzeptierst, wie ich wirklich bin. Was soll ich mit einem Freund, der mich beurteilt? Wenn ich einen Hinkenden an meine Tafel einlade, bitte ich ihn, sich zu setzen, gewiss nicht, zu tanzen.*

Heutzutage herrscht eine Tyrannei der Leistung, über unsere Perfektion wird gerichtet, Gefühle werden zur Schau gestellt und Urteile sind obligatorisch – wie sehr verraten wir jeden Tag unsere echten Gefühle?

Wie viel tiefe Traurigkeit verstecken wir und wie viel falsches Glück stellen wir lächelnd zur Schau, wenn wir geschniegelt und gestriegelt in eine Kamera grinsen, in der Überzeugung, dass es einen digitalen Filter gibt, der jede Spur unserer Melancholie tilgt?

Wie oft hast du einen Schwachen gebeten, dich nicht mit dem Schauspiel seiner Melancholie zu belästigen, und wie oft hast du hingegen versucht, dein Hinken zuzugeben, und bist trotzdem aufgefordert worden, einen Stepptanz hinzulegen?

Und beide hefteten voller Scham bald ihre Augen zu Boden, bald wiederum warfen sie sich gegenseitig Blicke zu und lächelten sich unter leuchtenden Brauen reizend an.

Doch dann hatte Medea sich wieder in der Hand und bot Jason entschlossen ihre Hilfe an. Sie erklärte ihm ausführlich, was er tun müsse, um die schreckliche Aufgabe zu bewältigen, die ihm ihr Vater Aietes auferlegt hatte.

Zu der Stunde, in der die Nacht in der Mitte geteilt ist, solle er in der Strömung des Flusses baden und dann die Göttin Hekate milde stimmen, indem er aus einem Becher reinen Bienenhonig auf einen Scheiterhaufen träufele. Dann solle Jason den heiligen Ort wieder verlassen, ohne sich umzuwenden, sonst würde er alles verlieren. Und in der Früh müsse der Held sich mit dem Zaubermittel einreiben, das Medea ihm gegeben hatte, sodass ihm das Feuer nichts anhaben könne. Und wenn in den Furchen aus den Drachenzähnen die Giganten wie Ähren aufschossen, müsse Jason einen wuchtigen Steinbrocken auf sie werfen. Dann würden sie wie scharfe Hunde um ihn kämpfen wie um Futter, und er würde die Aufgabe heil überstehen. Und schließlich das Goldene Vlies nach Hellas bringen.

Nachdem das Mädchen diese Worte gesprochen hatte, senkte sie den Blick. Sie weinte still, benetzte ihre Wangen mit Tränen, die wie leichter Regen im Frühherbst zu Boden fielen.

Ausgerechnet dank ihrer Hilfe würde Jason weit weg von ihr übers Meer irren. Und schon wich die Scham von ihr, sie ergriff seine rechte Hand und flehte ihn an, auch nach seiner Rückkehr niemals den Namen Medea zu vergessen.

Ihr Weinen rührte ihn und ließ ihn noch näher zu ihr hinrücken. Wenn man sich zum anderen beugt, erzeugt das Zärtlichkeit.

Jason versprach, dass er sie weder in den Nächten noch am Tag vergessen würde, selbst wenn er unversehrt in seine Heimatstadt Iolkos zurückkehrte, wo man den Namen Kolchis nicht einmal kannte.

Schmerz ergriff Medea, und sie antwortete auf Jasons Versprechen mit schneidenden Worten und funkelnden blauen Augen wie jenen eines Wolfs, der bereit ist zuzubeißen, wie jede Frau, die einen Mann liebt und Angst hat, ihn zu verlieren:

> *Ich werde auch gegen den Willen meiner Eltern an dich denken. Und möge uns von weither entweder eine prophetische Stimme oder ein Vogelbote kommen, wenn du mich gänzlich vergessen solltest! Oder es mögen mich selbst schnelle Sturmwinde über das Meer bringen und von hier nach Iolkos entraffen, auf dass ich dir Schmähungen vor Augen bringe und dich daran denken lasse, dass du durch meinen Willen entkommen bist! O wäre ich dir dann doch unerwartet eine Herdgenossin in deinen Hallen!*

So eine Frau war Medea aufgrund der Liebe geworden. Eine Frau, die sich nicht mit Versprechen und Erinnerungen zufriedengab, sondern Respekt, Treue, Taten verlangte.

So eine Kraft verleiht uns die Liebe: ein Glück, das nichts mit Kontemplation, Ruhe, Frieden zu tun hat.

Man muss dieses Glück vielmehr benutzen und auskosten, um zu wachsen, um zu fordern und zu verlangen, um Dinge herauszukitzeln, die schon in uns sind und die oft nichts mit Liebe zu tun haben, die sich aber dank der Liebe ereignen.

Jason musste sich also entscheiden und antworten. Da schlug er Medea vor, sie solle ihm nach Griechenland folgen, wo sie bei

Männern und Frauen geehrt und geachtet sein würde, sie würden für sie wie für eine Gottheit sorgen.

Aber vor allem schlug er der Frau vor:

> *Unselige, lass die Sturmwinde und so auch den Vogelboten umsonst umherirren! […] Du wirst für unser Bett im Ehegemach sorgen. Und nichts anderes wird uns in unserer Liebe trennen, bevor jedenfalls der vom Schicksal bestimmte Tod uns mit seinem Schleier umhüllt.*

Ὣς φάτο *(Os phato)*. So sprach er.

Im Text der *Argonautika* befindet sich an dieser Stelle ein Punkt.

Eine homerische Formulierung, der Dichter hatte nichts hinzuzufügen.

Jason und Medea waren nunmehr Liebende, Komplizen, Verbündete, ein Paar.

Mit der Fröhlichkeit, die einen überkommt, wenn man sich verliebt, die alles mitreißt, ohne dass man weiß, warum.

Denn ihre Seele war hoch in den Wolken davongeflogen.

Antikes Familienlexikon

> In der Südsee sehen Sie tropische Vögel schon 700 Meilen vor der Küste.
> In der Abenddämmerung kehren sie rasch in ihr Nest am Ufer zurück.
> Es ist ratsam, ihrem rotgelben Gefieder zu folgen und dabei immer auch ihre Schönheit zu bewundern.

Im Dialog *Kratylos* schrieb Platon: *Wer den Namen kennt, kennt auch die Dinge.*

Das italienische Verb *conoscere* ist komplex, schwierig, aber auch ergiebig. Laut Wörterbuch bedeutet es, „eine Sache kennenlernen; erfahren, dass es sie gibt und was sie ist".

Dank unserer Worte kommen wir als reale Dinge zur Welt.

Und die anderen erfahren von uns, erkennen uns, auf diese Weise werden wir geboren.

Wenn wir also die Wurzeln der Worte *erkennen*, die den menschlichen Beziehungen zugrunde liegen, gelingt es uns, eine Welt *auferstehen (rinascere)* zu lassen, in der man Mann oder Frau, Bub oder Mädchen war, ohne Mittelweg. Verlässliche Eltern oder hilflose Kinder.

Wir können ein indoeuropäisches Familienlexikon entwerfen, wo das Kindsein als Synonym von unreif *(immaturo)* nicht existierte; die Wasserscheide, der Übergang von der Kindheit zum

Erwachsenenalter musste vom Leben auf die Probe gestellt werden. Jugend und Alter waren keine demografischen Fakten, sondern Geisteshaltungen.

Mutter. *Madre.* Vom indoeuropäischen **mater,* das aus dem kindlichen Lalllaut **ma* und dem Suffix **ter* besteht, das auf eine Verwandtschaftsbeziehung hinweist.

Im Griechischen μήτηρ *(mèter),* im Lateinischen *mater,* in Sanskrit *matar,* auf Armenisch *mayr,* auf Russisch *mat,* auf Deutsch *Mutter,* auf Englisch *mother,* auf Französisch *mère,* auf Spanisch *madre,* auf Portugiesisch *mae,* auf Irisch *máthair,* auf Bosnisch *majka.*

Vater. *Padre.* Vom indoeuropäischen **pater,* das aus dem kindlichen Lalllaut **pa* und dem Suffix **ter* besteht, das auf eine Verwandtschaftsbeziehung hinweist. Auf Griechisch πατήρ *(patèr),* auf Latein *pater,* im Sanskrit *pitar,* im Altpersischen *püita,* auf Spanisch *padre,* auf Französisch *père,* im Deutschen *Vater,* auf Englisch *father.*

Diese Begriffe sind so alt, archaisch und bezeichnen die menschlichen Beziehungen so eindeutig, dass sie sich über die Geschichte der Sprachen und die Geografie der Völker hinweggesetzt haben. Sie werden immer die ersten Worte sein, die menschliche Wesen aussprechen, die ersten, die man lernt, sobald man auf der Welt ist. Worte, so festgefügt wie ein Ziegelhaus, unverrückbar wie ein Berg.

Unsere Väter und Mütter lehren uns als Erste, den Dingen einen Namen zu geben. Niemand wird je ein Kind daran hindern können, *ma-* oder *pa-* zu sagen. Und wir werden die Worte nie wieder vergessen.

Untersuchungen an Alzheimer- oder Demenzkranken, die ihr Leben lang eine andere Sprache als die ihres Heimatlandes gesprochen haben, zeigen, dass die Worte der Liebe letztendlich wieder in der allerersten Sprache ausgesprochen werden. Der Muttersprache.

Uomo in seiner Bedeutung als *Mensch* stammt vom lateinischen Wort *homo*, das wiederum auf die indoeuropäische Wurzel *humus, Erde*, zurückgeht: Ursprünglich unterschied man zwischen Sterblichen und den Göttern im Himmel. Im Französischen ist *homme* daraus geworden, im Spanischen *hombre*. In den germanischen Sprachen hingegen verschwindet diese Wurzel, auf Englisch heißt es *man* und im Deutschen *Mann*. Eine andere Etymologie weist hingegen das griechische ἄνθρωπος (*ànthropos* = Mensch) auf, das sich angeblich aus den Worten ἄνω (*àno* = auf), ἀθρέω (*athreo* = schauen) und ὄψ (*òps* = Augen) zusammensetzt: eine elegante Kombination, die auf die Kleinheit des Menschen angesichts der Unermesslichkeit des Göttlichen hinweist. Die Menschen sollen den Blick vom Boden zum Himmel heben.

Einer anderen Meinung zufolge geht der Begriff auf ἀνήρ (*anèr* = männlich, Gatte) zurück, dem das lateinische *vir* entspricht: In beiden Fällen wird der Zustand des erwachsenen Mannes mit Kraft (dem lateinischen *vis*), Energie, Leidenschaft und Überwindung der Kindheit in Form von Mutproben (ἀνδρεία, = *andreìa* heißt auf Griechisch Mut) in Zusammenhang gebracht.

In allen Sprachen ist der Zustand des Menschen also *umile* (bescheiden), an die Erde gebunden, auf der er bis zum Tode fest steht, und er ist winzig in seinem Streben nach dem Himmel – aber auch stark, heldenhaft aufgrund des Wunsches, groß zu sein.

Wenn wir erwachsen werden wollen – wenn wir nicht länger Kinder unserer Eltern, sondern Männer und Frauen sein wollen, die die Kinderkleider abgelegt haben und sich mutig an ihrer eigenen Kraft und Hartnäckigkeit messen –, müssen wir eine Aufgabe bewältigen.

Figlio (Kind, Sohn) stammt vom lateinischen *filius,* Säugling, ab, das Wort weist die Wurzel *fe-, saugen*, auf, ein liebevoller und kindlicher Ausdruck, der mit dem indoeuropäischen *-dhe*, säugen" verwandt ist und sich in einigen germanischen Sprachen, wie im englischen *daughter,* Tochter, oder im Bosnischen *dijete,* Kind, wiederfindet.

Jung *(giovane)* ist ein sehr reines und mächtiges Wort, genauso wie *alt.* Es stammt von der indoeuropäischen Wurzel **yeun* ab, genauso wie *yuva-* aus dem Sanskrit, *yavan-* aus dem Awestischen, das französische *jeune,* das englische *young,* das lateinische *iuvenis,* das spanische *joven,* das portugiesische *jovem,* das rumänische *juve,* das russische *junyj,* das litauische *jàunas.* Jung sind die *giovenca* (Kalb) und das Fohlen, die hartnäckig versuchen, auf ihren dünnen, zittrigen Beinen zu stehen, es immer wieder versuchen, immer wieder hinfallen, bis sie endlich, blutend und von Stroh bedeckt, aufstehen. Aber bereit zu gehen, aufzubrechen.

Jugend ist Kraft, Leidenschaft, abgeschossener Pfeil, der auf ein Ziel zufliegt.

Das reine Gegenteil bezeichnet der Begriff *anziano* (alt), der kaputt, verbraucht bedeutet, zu müde, um sich zu bewegen, weiterzugehen – wie die abgelaufenen Sohlen eines Paars Schuhe, die schon zu viele Kilometer zurückgelegt haben, wie die Hände von jemandem, der zu viel Wind abbekommen hat, und die inzwischen wie Spinnennetze sind.

Das Wort *vecchio* (alt) stammt vom lateinischen *vetulus* ab, der Verkleinerungsform von *vetus* in der Bedeutung von gebraucht, erschöpft, unabhängig vom Alter. Auf Französisch sagt man *vieil,* auf Spanisch *viejo,* auf Portugiesisch *velho,* auf Rumänisch *vechi.*

Alter ist somit eine Haltung und nicht ein Lebensabschnitt, es bedeutet stehenzubleiben, zu kapitulieren. Die Bogensehne ist schlaff, kein Pfeil lässt sich mehr abschießen.

Und schließlich ist die Liebe kein Versprechen, das man machen und dann nicht einhalten kann: Genau das ist die Bedeutung von *sposo* (Bräutigam), Lebensgefährte. *Sposo* und *sposa* (Braut) stammen vom lateinischen *sponsum* und *sponsam* ab, dem Partizip Perfekt des Verbs *spondere,* das wie das griechische σπένδω *(spéndo)* versprechen, geloben bedeutet.

Im Französischen sagt man *époux* und *épouse,* auf Spanisch und Portugiesisch *esposo, esposa.*

Ursprünglich bezog sich das Wort auf ein unauflösliches Versprechen, das man mit einem Trankopfer feierte.

In den romanischen Sprachen ist die Bedeutung dieses Versprechens über die Worte *fidanzato* und *fidanzata* (Verlobte) in die Zukunft verschoben worden, auf eine später folgende Feier. Verlobt sind auch die von Alessandro Manzoni verewigten Renzo und Lucia, die alles taten, um das Versprechen einzulösen, das im Begriff *promessi sposi,* die einander Versprochenen, Verlobten, enthalten ist.

Auch Medea verlangte von Jason augenblicklich dieses Versprechen, sie wollte sich nicht auf ein anderes Mal oder eine andere Gelegenheit vertrösten lassen, wie wir es so oft machen.

Wie jede Frau verlangt Medea eine Liebe, aufgrund der ihr Mann nicht mehr Sohn seiner Eltern, sondern Vater ihrer Kinder ist.

Mama, *mamma.* Vom indoeuropäischen Stamm **ma-,* einem universalen Ausdruck der Liebe, mit der Silbenfolge *ma-ma* als Grundlage. Entsprechungen für dieses Kinderwort finden sich in allen indoeuropäischen Sprachen, das Lallwort verzweigt sich jenseits der Grenzen in zahllose und sehr unterschiedliche Sprachen.

Ich habe erfahren, dass die Erinnerung viele Dinge betont, doch irgendwann tauchen die Leerstellen ganz von selbst wieder auf.

Den Klang des Wortes *mamma* hatte ich lange vergessen.

Ich konnte es nicht mehr aussprechen, denn ich hatte es seit zehn Jahren nicht mehr laut gesagt – ich hatte es nicht einmal mehr gedacht.

Stabat mater, „da steht die Mutter" neben dem Sohn, lautet ein religiöses Gedicht aus dem 14. Jahrhundert, das Jacopone da Todi zugeschrieben wird und später zu einem allgemein gültigen Ausdruck geworden ist, um die schmerzerfüllte Mutter an der Seite ihres leidenden Sohns zu bezeichnen.

Vor langer Zeit war meine Mutter an meiner Seite gewesen.

Ich und sie hatten am selben Tag Geburtstag. Ich war eine Frühgeburt, ihr Geburtstagsgeschenk. In meiner Kindheit feierten wir „Frauen im Haus", wie mein Vater sagte, einen doppelten Geburtstag.

Seitdem sie tot ist, ist jeder Geburtstag für mich wie halbiert. Und ich weiß nie, wie alt ich genau werde.

Mit jedem Januar nähere ich mich ein wenig mehr dem Alter an, in dem sie gestorben ist. Wie die Schildkröte aus Zenons Paradox entferne ich mich immer mehr von dem orientierungslosen, dünnen Mädchen, das ich zwischen der vierten und fünften Klasse Gymnasium war, als sie in einem einzigen Sommer von einem seltenen Krebsleiden hinweggerafft wurde. Im Juni wurde sie krank, am ersten Schultag im September starb sie.

Jahrelang habe ich nicht darüber gesprochen, als ob ich einen chirurgischen Schnitt vollzogen hätte. Das Schweigen bewahrte mich vor Floskeln wie: „Mein Beileid", „du Arme", „noch so klein". Ich entdeckte einen neuen Raum in mir, einen Schmerz, den ich davor nicht gekannt hatte und den ich jetzt erforschen konnte, ungesehen und ungehört. Waise.

Selbst heute kann ich kaum weinen. Ich weine nur sehr selten, und immer nur allein.

Nur meine neue Heimatstadt, Sarajevo, verwundet wie ich und mehr noch als ich, sieht hin und wieder meine Tränen.

Ich frage mich, ob ich hier auch wohnen wollte, wenn nicht überall zerschossene Gebäude und Friedhöfe am Rande der Straßen wären – „meine Toten", so grüße ich sie und winke ihnen zu, wenn ich nach Hause gehe, nachdem ich Vormittage lang in einem Kaffeehaus geschrieben habe.

Indem ich sie grüße, grüße ich meine Mama.

Wie alle Geständnisse im unvollendeten *present perfect*, das wir sind, klingt es unglaubwürdig, dennoch: Ich habe lange nahezu nicht gesprochen. Meine Welt bestand aus *danke, gut*; aus diesem Satz bestand mein Vokabular als junges Mädchen.

Mit siebzehn Jahren begriff ich plötzlich den Wert, den die Antiken den Worten zusprachen – und begann sie mit unnachgiebiger Hingabe zu respektieren.

Nach dem Gymnasium übersiedelte ich nach Mailand, schrieb mich an der Universität ein, begann ein neues Leben, das ich jetzt als mein zweites bezeichne.

Jahrelang habe ich allen Menschen, die ich kennenlernte, meinen neuen Freunden, meinem Verlobten, nichts über den Tod meiner Mutter erzählt. Aber es hat auch niemand Fragen gestellt.

Mit meinem ersten Buch hat dann mein drittes Leben begonnen. Ein Leben des Sprechens, der Worte, die ich hartnäckig suche, um die Dinge, vor allem den Tod, wirklich zu machen.

Ich erinnere mich genau an den Augenblick, als es begann.

Ich stellte mein Buch in einem Gymnasium in Ostuni vor, als ein sechzehnjähriger Junge auf die übliche Aufforderung hin eine Frage stellte, und zwar in dem naiven Glauben, ich wüsste über die Geheimnisse des Lebens Bescheid, bloß weil ich ein Buch über die griechische Grammatik geschrieben hatte: „Warum bezeichnet man den Menschen auf Griechisch als βροτός *(brotos)*, also dem Tod geweiht?"

„Weil der Tod zum Leben gehört", sagte ich, fast ohne nachzudenken. Beunruhigt stellte ich fest: Ich kannte die Antwort, obwohl ich sie in keinem Buch, keinem Leitfaden, keinem Ratgeber gelesen hatte. Ich hatte sie erlebt.

An diesem Tag habe ich mir das erste Wort wieder angeeignet, das ich in meinem Leben ausgesprochen habe, das alle Frauen und Männer ausgesprochen haben und aussprechen werden. Die Jugendlichen haben es mir zurückgegeben.

Ich habe zu erzählen begonnen. Und ich habe wieder Mama gesagt. Meine Mama, der ich so sehr ähnele und die vor langer Zeit gestorben ist, die mir die ersten Worte beigebracht hat.

Die Antiken glaubten, Signifikant und Signifikat eines Wortes, Begriff und Realität, stimmten perfekt überein, ein Ding würde allein durch das Genannt-Werden zur Wirklichkeit.

Das griechische Adjektiv ἔτυμος *(étymos)* bedeutet wahr, wirklich – davon stammt der von den Stoikern geprägte Begriff Etymologie, der die Praxis bezeichnet, die Welt durch die Herkunft der benutzten Worte kennenzulernen.

In diese merkwürdige Kunst habe ich mich im Gymnasium verliebt. Ich habe nie wieder damit aufgehört, die Worte abzuhorchen, um sie zu verstehen – obwohl meine Freunde sich immer darüber lustig gemacht haben, dass ich in allen Gesprächen „im Griechischen …" oder „meiner Meinung nach heißt das auf Latein …" sagte.

Viele Jahrhunderte nach der Antike sagte Dante in Bezugnahme auf einen Gedanken Justinians in der *Vita Nova: nomina sunt consequentia rerum,* die Namen sind die Folge der Dinge – beziehungsweise die Worte folgen buchstäblich den Dingen, haften an ihnen, kleben an der Wirklichkeit und gestatten es ihr, zu sein.

Oder sich als das zu zeigen, was sie ist. Oder zu offenbaren, was sie nicht ist.

Natürlich galt auch das Gegenteil: Ein Ding, das keinen Namen hatte oder nicht ausgesprochen wurde, existierte nicht. Etwas nicht aussprechen bedeutet nicht, dass es nicht real ist, sondern dass es im Augenblick nicht hier unter uns ist, weil es keinen Namen und keine Worte dafür gibt. Es ist nicht in unserer Nähe. Alles, was man nicht aussprechen kann, hat es zweifellos gegeben, doch es ist verloren gegangen. Zu Staub geworden.

Kürzlich habe ich in der *New York Times* einen Artikel gelesen, der mich so bestürzt hat, dass ich nachgeforscht und mich und die Menschen in meiner Umgebung befragt habe.

Alex Williams, ein Journalist, schreibt, die Zehnerjahre des 21. Jahrhunderts seien die Epoche der Angst. Als *United States of Xanax* bezeichnet er die USA, nach dem Namen des meistverkauften Anxiolytikums. Der Prozentsatz der Konsumenten, Kinder eingeschlossen, ist zweistellig, ein Päckchen kostet in der Apotheke kaum mehr als ein Eis und etwas weniger als ein Burger bei McDonald's.

In der *New York Times* stand, die Depression, diese Krankheit der Seele, die bis in die Zwanzigerjahre des letzten Jahrhunderts als unheilbar galt – selbst ihr Name, *malinconia,* klingt untröstlich –, sei nicht mehr modern. Die Jahre, in denen Nirwana den Abgrund in der Seele besangen, der Kurt Cobain in den Selbstmord trieb, seien vorbei. Unser Zeitalter sei das der Angst, sie höhle unsere Werte aus, zwinge uns, uns zu verzetteln, treibe uns an, ja keine Zeit zu vergeuden, und dabei gingen wir uns selbst verloren.

Der Autor schreibt über einen speziellen Fall, eine siebenunddreißigjährige Frau aus Brooklyn, von Beruf Social-Media-Manager, die Panikattacken bekommen hatte, nachdem sie einer Freundin in Oregon mitgeteilt hatte, dass sie sie am Wochenende besuchen würde. Die fragliche Freundin hatte nämlich nicht auf ihre Mail geantwortet, und Sarah hatte sich nach einigen Stunden gedacht: Sie will mich also nicht mehr. Sie ist nicht mehr meine

Freundin. Ich habe sie wohl tödlich beleidigt, auch wenn ich nicht weiß wie.

Wie oft hatten wir schon Angst, jemandem etwas angetan zu haben, ohne genau zu wissen, was? War das echte Sorge um den anderen oder ein verqueres Schuldgefühl? Wie oft geht uns die Luft aus, als ob wir gelaufen wären, obwohl wir doch stehen?

In Erwartung einer Antwort, die einfach nicht kommen wollte, malte sich Sarah das Schlimmste aus und schrieb eine Twitter-Nachricht unter dem Hashtag #ThisIsWhatAnxietyFeelsLike. So fühlt sich Angst an.

Innerhalb weniger Stunden haben es ihr gut 16.000 Menschen in der ganzen Welt nachgemacht und getwittert, was es für sie bedeutet, in einem Zustand ständiger Sorge zu leben, von einem Wust unausgesprochener Gefühle erdrückt zu werden.

Am Ende des Tages hat Sarah eine Antwort ihrer fernen Freundin erhalten: Sie war einfach nicht zu Hause gewesen und hatte ihre Mail nicht gelesen, sie freue sich sehr auf den Besuch, sie warte schon lange auf sie.

Den Journalisten, die auf die viral gewordene Botschaft neugierig geworden waren, antwortete Sarah: „Wenn du ein Mensch im Jahr 2017 bist und keine Angst hast, stimmt vielleicht etwas nicht mit dir."

Ist es wirklich so? Müssen wir uns wirklich mit der alltäglichen Angst abfinden und sollen wir nicht darüber nachdenken, dass Freundschaft sich an Präsenz bemisst und nicht an der Frequenz und Geschwindigkeit der Antworten? Sollen wir unsere Beziehungen leben, als wären wir Angestellte eines sehr effizienten Kundendienstes? Müssen wir alle dasselbe Modell des Leids übernehmen?

Ist es wirklich eine persönliche Beleidigung, wenn ein lieber Mensch sich einen halben Tag Zeit nimmt, um sein Leben zu leben und uns logischerweise links liegen lässt?

Stimmt etwas nicht mit uns, sind wir unzeitgemäß, alt, wenn wir nicht Gefangene der Angst sind?

Ich glaube, es ist absolut krank, die Angst als wichtigen, unverzichtbaren Teil unseres Lebens und der zeitgenössischen Welt zu betrachten.

Vor allem in Augenblicken des Unglücks ist es schwierig, uns das einzugestehen, doch wir sind nur aus einem Grund auf der Welt: um zumindest zu versuchen, glücklich zu sein.

Und die anderen glücklich zu machen.

Wenn wir heute auf die Fähigkeit des Sprechens verzichten, bleibt uns nichts anderes übrig als ein Denken aufgrund vager Andeutungen.

Litt Sarah unter einer Angststörung, einer ernsthaften Krankheit, die eine entsprechende Therapie erfordert, oder hatte sie einfach, wie sie später zugab, ein schlechtes Gewissen, weil sie sich aufgrund ihrer Arbeitsüberlastung monatelang nicht bei ihrer Freundin gemeldet hatte und sich genierte, sie jetzt plötzlich zu überfallen, und nicht die richtigen Worte fand?

War das Angst oder vielmehr das Resultat von Abwesenheit, Unvollständigkeit?

Hatte Sarah vielleicht Angst vor ihrer Geste, sich zu melden, weil diese sie zwang, wieder zu leben?

Wer das kleine Mädchen Andrea gekannt hat, das ich war, der weiß, dass auf meinem Handgelenk eine Zeitlang „Ohne Worte" stand.

Diesen Spruch habe ich mir tätowieren lassen, als ich meine Mutter verlor, als ich mit niemandem sprach und mir die Haare schwarz färbte, damit ich im Spiegel nicht das Mädchen sehen musste, das erwachsen wurde und meiner Mutter, die ich verloren hatte, glich wie ein Ei dem anderen.

Es war mein erstes Tattoo, eine Art unübersehbare Warnung an alle, die mir die Hand hinstreckten, um mir zu helfen: Ich kann nicht reden, ich will nicht reden.

„Ohne Worte". Diesen Spruch hasse ich mittlerweile mehr als alles andere auf der Welt, denn später, viel später habe ich verstanden, dass es Worte gibt, die die Dinge zum Ausdruck bringen, und dass man sich immer anstrengen muss, sie zu finden.

Wie Platon sagte, haben die Worte die Macht, Wirklichkeit zu schaffen und zu gestalten – reale Worte haben reale Folgen für unser Dasein.

Das Fehlen von Worten ist somit das Fehlen von Wirklichkeit, wie die Geschichte von Sarah und ihr Problem, sich lebendig zu fühlen, indem sie von sich spricht – und ihre Angst, denn ohne Worte gibt es nur Unbehagen.

In Sarajevo, kurz bevor mein erstes Buch erschien, habe ich dieses Tattoo überdeckt: Ich hatte endlich Worte gefunden. Und wenn jemand über das Tintenband lächelt, das mein Handgelenk wie ein Armband umschließt, lächle auch ich.

Auf meinen Reisen habe ich dann herausgefunden, dass es – egal wie grandios wir uns auch inszenieren – immer ein Detail, eine unsichere Geste, ein gezwungenes Lachen, eine Unsicherheit, ein Ungleichgewicht gibt, das die Kluft zwischen dem, was wir tun, und dem, was wir wirklich tun möchten, offenbart.

Wir befinden uns nicht in einem Film, im Leben gibt es keine Möglichkeit der Nachbearbeitung, die Spezialeffekte verlieren schnell ihre Wirkung.

Wir sind vielmehr ein Theater, ein ewiges Erstlingswerk, wir führen die Tragödie oder Komödie unserer selbst auf, wie die Schauspieler in Syrakus oder Taormina, die in der Abenddämmerung die Bühne betraten und zu spielen begannen.

Wir leben heute alle in einer grotesken Situation, deren Grausamkeit jedoch offensichtlich ist.

Wir haben so viele Kommunikationsmittel zur Verfügung wie noch nie in der Geschichte der Menschheit und wissen nicht, was wir kommunizieren sollen.

Oder mit welchen Worten.

Oder vor allem, mit wem.

Wir haben uns noch nie so allein gefühlt.

Wir sind zu verdammt künstlichen Wesen geworden, es ermüdet uns, über uns zu sprechen. Wir sagen nur das unbedingt Notwendige. Aus Angst, missverstanden zu werden – oder im Gegenteil aus Angst, verstanden und entlarvt zu werden –, verstecken wir uns, zeigen uns lieber als schlichte statt als komplexe Wesen.

Das menschliche Reden ist zu einem *Pitch* verkommen – ein Begriff aus der angelsächsischen Businesssprache, der eine Praxis beschreibt, bei der jeder Kandidat höchstens zwei Minuten zur Verfügung hat, um einem ausgewählten Publikum eine Idee so überzeugend zu präsentieren, dass es dafür sein ganzes Vermögen ausgeben würde.

Und unsere Ergebnisse bezeichnen wir nicht mehr als Erfolge oder Misserfolge, wir sprechen nicht mehr von Freude oder Schmerz, unser Fühlen nennt sich heute Performance.

Die Fotos in den Zeitungen werden immer größer, die Worte immer weniger. Wenn wir eine Idee nicht in eine Grafik, eine Zusammenfassung, ein *slide,* ein *abstract* packen, fürchten wir, dass niemand die Geduld hat, uns zuzuhören.

Wir halten Fürsorge für ein Privileg, es fällt uns so schwer, freundlich zu uns selbst zu sein, dass wir uns kaum vorstellen können, dass jemand anderer ohne Hintergedanken freundlich zu uns ist – wir halten Freundlichkeit für Falschheit.

Wir haben die Unendlichkeit unserer Gedanken gegen einen Tweet mit 140 Zeichen eingetauscht, allerdings ohne Foto. Dennoch beherrschen wir modernen Epigrammatiker nicht die Kunst eines Kallimachos oder Catull: An einem schönen Tag im Herbst 2017 hat Twitter aus Sorge über den zunehmenden Verlust von Usern vorgeschlagen, die Zeichen auf 280 zu erhöhen. Ein freundliches Zugeständnis des Marketings an unser kommunikatives Scheitern.

Wir verschicken Ankündigungen, Nachrichten statt Ideen – Rauchzeichen wie die der Apachen, oder vielmehr wie die auf Snapchat, die innerhalb von 24 Stunden wieder verschwinden.

Unsere Sätze beschränken sich auf Hauptsätze, wie in einem Chat, in dem wir verzweifelt versuchen, uns mithilfe von Emoticons und fragmentarischen Sätzen verständlich zu machen, die wie Gummigeschosse auf dem Rummelplatz abgeschossen werden und da und dort abprallen.

Wir weigern uns, Nebensätze zu verwenden, die Hypotaxe ist uns zu schwierig, wir weigern uns, unter ὑπό *(hypo)*, die Oberfläche, zu schauen, bleiben neben παρά *(para)* den Dingen, am Rand der Dinge und der Menschen, die wir lieben.

Wir weigern uns, uns kennenzulernen, und sprechen wie Orakel. Wir offenbaren uns nicht mehr mithilfe von Worten, sondern in Andeutungen.

Oder mithilfe von Tippfehlern.

Das ist ein fragiles, überhaupt nicht ironisches Paradox, um es aufzulösen, wäre Liebe und nicht zynisches Lachen vonnöten.

Je weniger wir von uns sprechen, desto mehr geben wir über uns preis. Allerdings auf verquere, unsichere, unkontrollierte Weise. Auf trügerische Weise.

Ich glaube nicht, dass ich als Einzige dem traurigen Spektakel dieses Verrats beiwohne. Bin ich vielleicht die einzige Beobachterin der Explosion dieses Unfertigen, von dem ich weiter oben gesprochen habe, das keine Worte findet und deshalb in Form von Gesten brüllt?

Etwa in Form eines ungerechtfertigten Wutausbruchs in einem Zug, aus einem noch weniger gerechtfertigten Grund: ein besetzter Sitz, ein schlecht verstautes Gepäckstück, ein weinendes Kind, ein Hund.

Eine schnelle Beleidigung an der Ampel, ein paar durchs Fenster ausgespiene obszöne Worte, dann machen wir uns wie Diebe davon.

Unsere nervtötende Langsamkeit beim Bestellen im Restaurant, *such du was aus, ich weiß nicht, ich bin mir nicht sicher, lieber nicht, oder doch,* vor einem peinlich berührten Kellner, wir kapitulieren, als ob unser Leben von der Wahl einer Pizza abhinge.

Früher wurden Revolutionen angezettelt, um sich von einem Herrscher zu befreien.

Heute macht uns das Wort Revolution eine derartige Angst, dass wir uns lieber selbst unterdrücken. Unser Schweigen, unsere Einsamkeit sind unser Herrscher geworden.

Nichts wagen, nicht fragen, nicht protestieren, sich nicht ändern, nie.

Das Ergebnis ist eine generalisierte Angststörung, für die wir uns, wenn sie früher oder später virulent wird – und sie wird immer irgendwann virulent –, bis auf die Knochen schämen.

Während wir gegenüber Fremden, die nichts dafürkönnen, ein möglichst schlechtes Bild von uns abgeben, würden wir dieses so wirkliche, ungefilterte Bild von uns am liebsten auslöschen – und vergessen einen Augenblick lang jeden menschlichen Filter des Schmerzes.

Allerdings schämen wir uns nicht für das, was wir eben in der U-Bahn zur Stoßzeit gemacht haben, als eine alte Frau uns mit ihren Einkaufstaschen den Weg versperrte, oder in der Warteschlange vor dem Schalter auf der Post, als wir übersehen haben, dass wir dran waren, weil wir mit dem Handy gespielt oder etwas auf Facebook gepostet haben, mit dem wir das nicht zu Kommentierende kommentiert haben, das uns übrigens gar nicht interessiert hat und zu dem wir auch nichts zu sagen hatten, weil es nichts zu sagen gibt.

Wir schämen uns vielmehr für das, was wir nicht getan haben, was wir vor langer Zeit nicht zu jemandem gesagt haben. Deshalb würden wir uns am liebsten in Luft auflösen.

Wenn wir jetzt schweigend vor dem Schauspiel des Lebens stehen, ohne jemanden oder etwas beim Namen zu nennen, kennen wir nicht nur die Dinge nicht, wie Platon sagte.

Wir kennen letztendlich nicht einmal mehr uns selbst.

Wer sind wir dank unserer Worte?

Das Goldene Vlies, unser Ziel

> Am Ziel angelangt, werfen Sie den Anker aus und schöpfen Sie neue Kraft. Versuchen Sie, nicht aus Müdigkeit oder banalen Gründen gleich wieder loszufahren.
> Warten Sie, bis die Aufregung, das Durcheinander, die Angst vor der Reise sich gelegt haben.
> Atmen Sie durch und genießen Sie das mittlerweile ruhige Meer, und dass Sie endlich das Ziel erreicht haben.

Im Morgengrauen begaben sich die Argonauten zum Palast des Aietes, um die Drachenzähne in Empfang zu nehmen.

Der König erwartete sie bewaffnet, mit einem starren Panzer um die Brust, auf das Haupt hatte er den goldenen, viergebuckelten Helm gesetzt, der leuchtete wie das herumlaufende Licht des Helios, wenn er aus dem Okeanos auftaucht. Und in Händen hielt er den vielhäutigen Schild und auch die Lanze.

Jasons Aufgabe begann.

Vertrauensvoll befolgte der Held alle Ratschläge Medeas.

Mit dem Zaubermittel rieb er sowohl seinen Schild als auch seinen wuchtigen Speer und sein Schwert ein. Als seine Gefährten ihre Kraft an seinen Waffen erprobten, konnten sie den Speer kein bisschen biegen, sondern er blieb unzerbrechlich und starr in ihren Händen.

Und eine unausssprechliche und furchtlose Stärke senkte sich in ihn, machtvoll regten sich seine Arme, die vor Kraft strotzten, und seine Beine stampften auf wie die eines Schlachtrosses.

Jason war zum Kampf bereit.

Du hättest meinen können, ein winterlicher Blitz breche aus der finsteren Luft hervor.

Zwei Stiere kamen zugleich aus einer verborgenen unterirdischen Höhle hervor, wo ihre gewaltigen Rinderställe waren, rings eingehüllt in qualmenden Rauch, und spien Feuerstrahlen aus. Die Helden gerieten in Furcht, als sie sie sahen. Doch Jason erwartete mit kraftvoll gespreizten Beinen ihren Ansturm, wie eine Felsklippe in der Salzflut die Wogen erwartet.

Und er packte den rechten Stier an der Spitze eines Horns und zog es machtvoll mit aller Kraft, bis er es dem ehernen Joch angenähert hatte. Die Stiere traten aus, doch er brachte auch den anderen, als er heranstürmte, zu Fall, indem er ihn mit einem einzigen Stoß niederwarf und in die Knie zwang. Gezähmt hatten sie nun den Blick von Lämmern.

Er stach sie mit dem Stachel in die Flanken und lenkte beständig den schweren Wagen.

Hinter ihnen zerbarst das raue Brachland, aufgerissen durch die Kraft der Rinder und des Pflügers. Und weit von sich weg warf er längs der aufgepflügten Schollen die Drachenzähne.

Und zu der Zeit, wo von der Morgenröte an der dritte Teil des vollen Tages noch übrig ist und die Landarbeiter ermattet rufen, es möge für sie alsbald das süße Abspannen der Rinder kommen: zu der Zeit war das Brachfeld von dem unermüdlichen Pflüger gepflügt, mochte es auch vier Morgen groß sein.

Die Rinder wurden vom Pflug abgespannt, und aus Angst vor der Kraft des Helden flohen sie zurück in ihr Reich unter der Erde.

Jason kehrte zu seinen Gefährten zurück, die ihn anspornten weiterzumachen, und sein Herz füllte sich mit neuen Kräften – daher kommt der Mut, nicht von den Muskeln.

Die erdgeborenen Krieger aber schossen auf dem ganzen Saatfeld wie Ähren auf. Und sie blinkten in der Abenddämmerung wie das Licht von Sternen in einer winterlichen Nacht.

Jason dachte an die Ratschläge Medeas, nahm aus der Ebene ein großes rundes Felsstück auf und warf es mit großer Wucht mitten unter sie. Da sprangen sie wie schnelle Hunde um das Felsstück und töteten einander mit Gebrüll.

Jason stürmte gegen die Erdgeborenen, zog sein blankes Schwert aus der Scheide und mähte sie nieder wie weiche Ähren, ob sie noch bis zum Leib in der Erde steckten oder halb in die Luft emporragten. Auch andere, die sich sogar bis zu den Knien erhoben, fielen zu Boden, Meeresungeheuern gleich.

Von stummem Staunen ergriffen, beobachtete Aietes unbewegt das Schauspiel.

> *Der Tag tauchte unter, und vollendet war für ihn [Jason] die Arbeit.*

Mit diesen Worten endet das dritte Buch der *Fahrt der Argonauten*. Und mit ihm ging auch Jasons Kindheit zu Ende. Er war erwachsen geworden.

Ein Mann.

Ein Held.

Medea und Jason, endlich vereint, standen nun vor der Schlange, die das Goldene Vlies, das Ziel ihrer Reise, den Wendepunkt ihrer Vereinigung bewachte.

> *Und wie wenn sich über einem qualmenden Wald unendlich viele rußige Rauchwirbel kringeln, und einer erhebt sich schnell nach dem anderen, immer weiter von unten in Kringeln in die Höhe emporsteigend: So wand sich damals jenes Ungeheuer in unendlich vielen Kreisen, die von trockenen Schuppen übersät waren.*

Und die Jungfrau blickte sie mit ihren Augen an und ging auf sie los. Und schon fiel die Schlange in einen tiefen Schlaf, eine Erholung, die ihr seit undenklichen Zeiten nicht mehr gewährt worden war.

Jason folgte Medea schreckerfüllt, doch die Schlange löste schon ihr langes Rückgrat und dehnte die zehntausend Ringe, wie wenn im träge fließenden Meer eine schwarze Woge sich stumm und lautlos abrollt, und ihr Kopf lag auf dem Boden.

Das Goldene Vlies hing an einer Eiche. Und es war so groß wie die Haut eines einjährigen Rindes oder einer Hirschkuh, schreibt Apollonios, überall golden und mit Locken aus weichster Wolle bedeckt.

Seit der Antike haben sich zahlreiche Legenden um dieses magische Fell gebildet. Einigen zufolge ist das Vlies ein Bild für die Sonne, eine Wolke goldenen Regens, die von der Sonne hervorgerufen wird, die Tag für Tag die fruchtbaren Felder Griechenlands beschien und dann am Abend in den Westen zurückkehrte. Dem antiken Geografen Strabon zufolge ist das Vlies ein Bild für den Handel, denn das Gold wurde mithilfe von Tieren in den Westen gebracht.

Die meiner Meinung nach schönste Legende bezieht sich auf die Goldschürfer in Asien. Sie siebten nicht die Steine in den Flussläufen, sondern führten die Schafe vorsichtig an die Bäche. Und in der Abenddämmerung leuchtete ihr gekräuseltes, weiches Fell vor Goldstaub.

Jason und Medea gaben einander ein Zeichen und da wagte es der junge Mann, das Goldene Vlies zu ergreifen.

Aufgrund des Funkelns der goldenen Wolle färbten sich seine blonden Haare und seine Stirn in der Farbe der Abendröte. Und der goldene Strahl brachte die Erde unter seinen Füßen zum Glänzen wie der Blitz des Zeus.

Kaum sahen die Argonauten das wunderbare Goldene Vlies, kamen sie gelaufen, um es zu berühren und in die Hand zu nehmen, verzaubert von dessen Schönheit wie alle, die in dieser alten Zeit zur Welt gekommen waren und über das magische Fell nur Erzählungen und Legenden gehört hatten.

Doch Jason hielt die anderen zurück, entschlossen, so bald wie möglich die Anker zu lichten.

Er warf einen neugefertigten Mantel über das Vlies und sagte zu seinen Gefährten:

> *Zögert jetzt nicht mehr, ihr Freunde, ins Vaterland zurückzufahren! Denn schon ist der Zweck, dessentwegen wir diese sorgenvolle Schiffsreise ertragen und uns in Drangsal abgequält haben, durch die Ratschläge der Jungfrau erfolgreich erfüllt. Die nun werde ich mit ihrem Willen als meine eheliche Gattin heimführen. Doch ihr, da sie für das ganze Achaiïsche Land und für euch selbst zur edlen Helferin geworden ist, sollt sie schützen!*

Die Argonauten lösten die Hecktaue und die Argo begab sich auf den Heimweg.

Am Heck saß Medea, in Jasons Armen.

Und sah zum ersten Mal auf das offene Meer hinaus.

Das Paradox der Einsamkeit

> Was soll man über den Mann sagen, der ohne Vorwarnung über Bord geht oder die Halteleine loslässt und untergeht? „Er hat einen Ausweg gesucht", könnte man sagen, „Er wollte einer unerträglichen Situation entkommen", oder „Er konnte einfach nicht mehr". Sicher, aber das sind platte Erklärungen, die von Tausenden von Beispielen aus der Wirklichkeit widerlegt werden.
> Dieser Mann hat sich vielmehr aus Einsamkeit verirrt. Um einen Feind zu besiegen, der übrigens niemand anderer als er selbst war, hat er seine Kraft und seine Energie nicht für sich, sondern gegen sich eingesetzt. Das ist ein seltsamer, fast unglaublicher Widerspruch, ich weiß. Aber erinnern Sie sich: Das sind nicht einfach Vermutungen, das ist die Wirklichkeit des Meeres.

Eine Antinomie, vom griechischen ἀντί (*anti* = gegen) und νόμος (*nòmos* =Gesetz), ist ein Paradox, bei dem sich zwei widersprüchliche Behauptungen gleichermaßen als wahr erweisen. Wie zum Beispiel bei widersprüchlichen Gefühlen, die gleichzeitig erlebt werden können, wenn nicht gar müssen. Aristoteles' *Satz vom Widerspruch* gilt nicht für unser Gefühlsleben.

Ist „A" der Grund für unsere Tränen? Oder ist es „nicht A"?

Beide sind es, denn die Kümmernisse, die wir Tag für Tag erleben, gehorchen dem Gesetz der Antinomie. Deshalb befinden wir uns ständig in einem sinnlosen Clinch mit dem Leben und mit uns selbst.

Immer wieder suchen wir eine Logik, die unsere widersprüchlichen Gefühle ordnen könnte. Und nehmen frustriert zur Kenntnis, dass es keine solche Logik gibt.

> *Nicht heute nur und gestern, sondern dieses Recht*
> *lebt ewiglich, und niemand weiß, wann es erschien.*

Das sagt Antigone in den Versen 456–457 der gleichnamigen Tragödie von Sophokles über die widersprüchlichen, nicht schriftlich festgelegten Gesetze, die unser Leben bestimmen.

Vernunft entsteht aus Irrationalität.

Ohne Freiheit gibt es keine Grenze.

Keine Liebe ohne Schmerz, keine Freude ohne Traurigkeit.

Und es gibt keine Entscheidungen, die nicht mit einem eindeutigen Wort einhergehen: Adieu.

Medea hatte noch nie so sehr geweint wie in dem Augenblick, in dem sie sich darauf vorbereitete, ihre Familie, ihr Zuhause, ihre Heimat für immer zu verlassen. Doch seit sie sich in Jason verliebt und beschlossen hatte, mit dem Fremden in die Fremde aufzubrechen, war sie andererseits noch nie so glücklich gewesen.

> *Ich gehe fort, meine liebe Mutter ... Doch du lebe wohl,*
> *auch wenn ich sehr weit fortgehe! Lebe du wohl, Chalkiope,*
> *und das ganze Haus!*

Schluchzend war sie aus dem Haus gelaufen, in dem sie geboren und aufgewachsen war, hatte ihr Kinderbett und die schönen

Wände mit einer Zärtlichkeit gestreichelt, die schon Sehnsucht war.

Bei ihren letzten Schritten in Kolchis taten sich vor ihr sogar von selbst die Riegel der Türen auf.

Mit nackten Füßen lief sie zum Schiff Argo, die schmalen Wege entlang, auf denen sie vor langer Zeit mit Murmeln gespielt hatte, während ihr jetzt Tränen die Wangen netzten.

Sie spürte Freude und Verzweiflung in gleichem Maße. Aber ihr Inneres wurde von zitternder Furcht geschüttelt, so zwiespältig waren ihre heftigen Gefühle.

Auch die Mondgöttin Mene, die gerade am Horizont aufging, freute sich über Medeas Flucht und war zugleich traurig.

Sie wusste sehr gut, was das Mädchen empfand, denn auch sie irrte ständig über das Himmelsgewölbe, auf ewig hin und hergerissen zwischen der göttlichen Aufgabe, die Welt während der Nacht zu erhellen, und der irdischen, menschlichen Liebe zum schönen Hirten Endymion. Wenn sie ihrem Begehren nicht widerstehen kann, erleben wir eine mondlose Nacht. Dann gibt Mene ihrem Wunsch nach und versteckt sich in der Latmischen Grotte in Karien, um sich mit dem geliebten Mann zu vereinigen.

Und so forderte die Mondgöttin Medea auf:

Geh und ertrag es gleichwohl, so klug du auch bist,
dass du die seufzerische Pein auf dich lädst.

Kaum sah Jason, wie Medea weinend auf ihn zulief, ging er ihr entgegen und umfing ihre Hand fest mit der seinen. Sanft umarmte er sie, küsste sie und munterte sie auf, versprach nochmals vor den ungläubig staunenden Gefährten, sie als seine eheliche Gemahlin nach Griechenland zu führen.

Gleich darauf befahl er den Argonauten, die Anker zu lichten und loszufahren: Die Zeit der Rückkehr war gekommen.

An Bord der Argo ließ sich Medea von den nächtlichen Wellen des Meeres und den starken Armen dessen trösten, den sie sich zum Gatten erkoren hatte.

Sie war froh abzureisen und gleichzeitig traurig darüber, die Heimat zu verlassen.

Zitternd streckte sie die Hände zum Land hin, während sich dieses immer mehr am Horizont entfernte.

Doch Iason ermutigte sie mit Worten und versuchte,
sie in ihrem Missmut zurückzuhalten.

Wenn wir beschließen, jemand anderer zu werden, der/die zu werden, der/die wir sein wollen, ist ein endgültiger Abschied vonnöten.

Es kommt der Augenblick, in dem wir uns von jenen verabschieden müssen, die wir lieben oder nicht mehr lieben, von unseren Freunden, unseren Städten, sogar von jenen, die wir immer schon gehasst haben.

Doch es gibt nichts Schwierigeres, als jemanden nie wiederzusehen. Ich kenne nur ganz wenige Menschen, die ihre Erinnerungen vollständig ausradieren können; die meisten unterstreichen ihre Erinnerungen, machen im Buch des Lebens Notizen und Eselsohren.

Wir können zur Vergangenheit Lebewohl sagen, doch es wird nie eine richtige Trennung geben. Die Menschen, mit denen wir zusammengelebt haben, die wir geliebt oder gehasst haben, haben alle dazu beigetragen, uns zu dem zu machen, was wir jetzt sind.

Sie sind ein Teil von uns geworden.

Beziehungsweise sie sind wir.

Unsere Erinnerungen sind so miteinander verwoben, dass die Worte, die wir verwenden, die Musik, die wir hören, der Mensch, den wir lieben, kein Eigenleben mehr haben und ein Teil von uns geworden sind.

Seit dem Tag unserer Geburt haben wir überall ein Stück von uns zurückgelassen, und jeder ist ein Teil von uns geworden.

Und so ist alles, was uns zustößt, ergiebig und gefährlich, und fast immer schmerzlich.

Nie neutral.

Eine vollständige Trennung wäre möglich und real, wenn wir – auch nur für einen Augenblick – aus unserer Geschichte heraustreten könnten. Doch das ist den Menschen nicht gewährt.

Man kann eine Liebe genießen und gleichzeitig unter ihr leiden.

Man kann über eine Entscheidung weinen und gleichzeitig über sie lächeln.

In der Gegenwart leben und sich nach der Vergangenheit sehnen.

Das ist unsere menschliche Antinomie.

Der unsichtbare Koffer unserer Vergangenheit begleitet uns auf jeder Reise, sei sie lang oder kurz. Wir müssen entscheiden, wie schwer er ist, denn das Gedächtnis kennt das Gesetz der Schwerkraft nicht. Je nachdem, wie wir die Ambivalenz des Abschieds erleben, der Schmerz und Befreiung, Freiheit und Trauer, und vor allem Angst mit sich bringt, ist die Vergangenheit entweder leicht wie eine Feder oder eine schwere Last.

Wir können nicht leben, ohne unser ehemaliges Ich mitzuschleppen: die, die uns erzogen haben, die wir geliebt haben, die wir verloren oder verlassen haben.

Sonst würden wir nie von einem Hafen unseres Lebens in den anderen einlaufen, sondern wären Vagabunden, Staatenlose, wir hätten den Hafen, aus dem wir ausgelaufen sind, notgedrungen vergessen.

Solitudine, Einsamkeit, ist ein Paradox, eine Antinomie, der menschliche Widerspruch schlechthin. Wir alle wollen einzig, also einzigartig, einsame Spitze sein, doch wir wollen uns nicht isoliert, einsam, ohne jemanden an unserer Seite fühlen.

Das italienische *solo* (allein), vom lateinischen *solus,* hat immer eine doppelte Bedeutung. Haben Sie schon einmal darüber nachgedacht?

Wir können einzigartig, besonders, unersetzlich, anders als alle anderen sein.

Wir können uns aber auch ausgeschlossen, verlassen, alleingelassen fühlen.

Manchen zufolge stammt das Wort vom Reflexivpronomen *sé* ab: man selbst *(se stessi)* sein, allein auf Reisen sein, allein an einem Fensterplatz sitzen, allein herumirren: Bei diesen altmodischen Begriffen müssen wir ein wenig lächeln, doch sie hinterlassen einen merkwürdigen Kloß im Hals, wenn wir sie aussprechen.

Anderen zufolge stammt das Wort hingegen von der indoeuropäischen Wurzel *se-* ab, die Trennung bedeutet: Trennung im Sinn von jemanden oder etwas ausschließen, und vom lateinischen *parare,* sich anschicken, sich vorbereiten. Jemand hat sich vorbereitet, jedoch nicht für uns – wir bleiben ausgeschlossen, separiert. Oder wir sind bereit, doch nur für uns selbst und nicht für den anderen, der ausgeschlossen wird, vor der Tür steht – in diesem Fall separieren wir.

Das italienische Wort *solo* (allein) ist sowohl Adjektiv als auch Adverb. Es ist ein Synonym von *soltanto,* nur, *solamente,* einzig und allein, *unicamente,* einzig.

Nur etwas Zucker in den Kaffee, bitte.

Nur Liebe, bitte.

In der Mathematik bedeutet *solo* eins, das Gegenteil von zwei.

Eins ist die Zahl der Einzigartigkeit, die wir alle anstreben – „ich liebe nur dich", *solo te,* so herzzerreißend, wie nur Sergio Endrigo singen kann.

Eins ist aber auch die Zahl der Einsamkeit, die wir so sehr fürchten – verlassen, sitzen gelassen, alleingelassen – egal, ob in unserem Zimmer oder inmitten einer Gruppe, auf immer von jemandem oder etwas getrennt.

Die Mathematik unserer Gefühle ist so einfach, es ist so bezeichnend, dass wir nur bis zwei zählen können, dass wir unsere Welt in Singular und Plural einteilen. Dennoch ist es so schwierig, die Dinge des Lebens zu benennen, bevor sie zu Kalkstein werden, der sich nicht mehr entfernen lässt.

Seitdem ich über die merkwürdige Bedeutung des Wortes *solo* – und über Einsamkeit – nachdenke, geht mir ein Bild oder vielmehr ein Video nicht mehr aus dem Sinn.

Aufgrund der Klicks und der Shares auf YouTube oder Facebook ist es viral geworden, wie ein Virus, der einen Schnupfen oder eine Grippe auslöst. Es stammt vom 19. Juli 2017 und wurde in Rabat bei einem Leichtathletik-Meeting der *Diamond League* gedreht.

Die Bilder zeigen den 3000-Meter-Lauf.

Der Schiedsrichter gibt den Sportlern, die bereits losgeschnellt sind, ein Zeichen: Frühstart. Bei diesem Zeichen bleiben alle augenblicklich stehen.

Nur der Marokkaner Adil Briami läuft weiter, während das Publikum aufgeregt klatscht und die Kommentatoren verblüfft schweigen.

Er läuft ganz allein über die Rennbahn, fast bis ans Ende.

Adil hat den Schiedsrichter nicht gehört und läuft weiter, als ob nichts wäre, angefeuert von der Menge, er hält das spöttische Lachen für den Applaus seiner Fans. Er glaubt sogar, im Vorteil zu sein, weil er niemanden hinter sich sieht.

Letztendlich wird der Sportler disqualifiziert.

Alle lachen über ihn, alle machen sich über seine einsame Mühe lustig, und als er merkt, was los ist, bricht er in Tränen aus.

Für mich ist Adils Blick der eines verwundeten und verlorenen Tiers, seine Augen eines auf der Autobahn ausgesetzten Hundes die schönste Metapher für die zeitgenössische Einsamkeit.

Worin besteht unser Wettlauf? Im Leben, im Über-leben, im Unter-leben?

Wie oft sind wir allein gelaufen, weil wir das banalste Zeichen der anderen nicht verstanden haben?

Wie sind unsere Beziehungen zu Ende gegangen, bei denen wir einander fremd geblieben sind, ein Paar, doch jeder für sich?

Wie oft haben wir geglaubt, unser persönliches Ziel fast erreicht zu haben, und sind dennoch disqualifiziert worden, weil wir die Regeln des Spiels des Lebens nicht eingehalten haben?

Und wo sind in diesem Moment die Menschen, von denen wir glauben, dass sie mit uns auf das Ziel zurennen?

Neben uns, vor uns, wie kleine Pünktchen, die gleich verschwinden werden, hinter uns, weil wir sie überholt, getreten, aus den Augen verloren haben?

Haben sie an unserem Rennen überhaupt teilgenommen oder sind sie unbewegt woanders gestanden, während wir glaubten, sie seien uns nahe?

Und applaudieren uns die vielen Unbekannten, die uns offline und online anfeuern, die uns beobachten, wie wir allein laufen und nichts begriffen haben, weil wir einzigartig und besonders sind, oder weil wir einsam, desorientiert und im Grunde lächerlich sind?

Und warum umarmt uns niemand, wenn wir endlich merken, dass wir uns geirrt haben und ein falsches, wertloses Rennen gelaufen sind?

Wie oft sind wir von etwas oder jemandem aufgrund eines Zuviels an Einzigartigkeit und Einsamkeit disqualifiziert worden?

Ich habe in mehr als zehn Städten auf zweieinhalb Kontinenten gewohnt, ich spreche fünf sogenannte lebende und verstehe zwei sogenannte tote Sprachen.

Mit einunddreißig Jahren bin ich unfreiwillig eine mehrsprachige Einsame.

Im Altgriechischen heißt allein μόνος *(monos)*, auf Französisch sagt man *seul*. Auf Englisch sagt man *lonely* – man braucht nur einen Buchstaben auszuwechseln und das charmante Wort *lovely* wird daraus, *liebenswert, bewunderungswürdig.*

Auf Bosnisch, meiner neuen Sprache, heißt allein *sam,* genauso wie die erste Person des Verbs *sein, ja sam,* ich bin.

In der männlichen Form sagt man *ja sam sam* oder *ja sam*, die beiden Formen sind leicht zu verwechseln.

Ich bin.

Ich bin allein.

Ich lächle gern über die seltsamen Formen meiner neuen slawischen Sprache, wenn ich an die Einsamkeit denke. Ich lächle, aber vor allem habe ich Angst davor. Vor allem wenn ich mich allein fühle und nicht weiß, wohin und zu wem ich zurückkehren soll.

Das italienische Verb *abitare*, vom Lateinischen *habitare*, ist ein Iterativ von *habere*: Er bedeutet *noch immer haben.*

Einen Ort, eine Familie. Die Waise kann nicht länger *abitare,* etwas *haben,* da sie keinen Ort und keine Person mehr hat, zu der sie immer wieder zurückkehren kann. Sie kann wohnen, sich aufhalten. Aber nie wieder *abitare.*

Ich bin so oft umgezogen, dass man auf jedem Meldeamt über mich lachte, doch seitdem auf meinem Personalausweis als Beruf „Schriftstellerin" steht, hat sich das geändert.

In der Rubrik Stadt habe ich eintragen lassen: „Sarajevo".

In Bosnien und Herzegowina schreibe ich heute.

Ich wohne nicht, aber ich lebe dort.

Unser Boot

> Rettungsboote sind so unterschiedlich in Form und Größe, dass Sie herausfinden müssen, welchem Boot Sie Ihr Leben anvertrauen.

Auf der Rückfahrt schlägt das Schiff Argo einen anderen, aufs Neue unbekannten Kurs ein. Das ist notwendig, denn der neue Hafen muss auf einer neuen Route angesteuert werden, so verlangt es die Regel der Änderung, denn nachdem wir das Ziel erreicht haben, sind wir anders und neu.

Die Argo durchquert also nicht die Simplegaden und den Bosporus, sondern fährt über die Donau bis zur Adria. Über den Po und die Rhone gelangt sie schließlich zum Ligurischen und Tyrrhenischen Meer.

In diesem italienischen Meer siedelte auch Homer die Irrfahrten des Odysseus während dessen *nòstos,* seiner Rückkehr aus Ithaka nach dem Trojanischen Krieg, an. Und die Argonauten trafen auf ihrer Fahrt dieselben Gestalten wie die Protagonisten der *Odyssee*: die Zauberin Kirke, Skylla und Charybdis, Thetis, die Mutter des Achill, die Sirenen. Schließlich landeten sie auf der Insel der Phäaken, auf der Alkinoos, der Vater von Nausikaa, herrscht und wo Jason und Medea ihre Hochzeit feiern.

Der antike und der moderne Leser kennt alle diese Orte und Personen, und in allen erkennt er eine Spur von sich.

Es braucht einen Proust, um die Täuschungen der chronologischen und der narrativen Zeit aufzudecken. Und vor allem die Spiegelfechterei unserer persönlichen Erinnerung.

Da die verschiedenen Zufälligkeiten des Lebens, die uns in die Nähe bestimmter Personen führen, nicht mit den Zeiten übereinstimmen, in denen wir sie lieben, sondern, indem sie letztere überschlagen, eintreten können, bevor die Liebe begonnen hat, oder sich wiederholen, wenn sie schon wieder verflogen ist, nimmt die erste Erscheinung eines Wesens, das in unserem Leben dazu bestimmt ist, uns später zu gefallen, im Rückblick in unseren Augen den Wert einer Vorankündigung, einer Vorahnung an.

Das schreibt Proust in *Auf der Suche nach der verlorenen Zeit*.
Wir alle erinnern uns an die zärtliche Liebe der Nymphe Kalypso für Odysseus, an Kirkes hinterhältigen Zauber, an die gefährliche Verführung durch die Sirenen, an Nausikaas Unschuld und Schüchternheit. Wir erinnern uns so gut an sie, dass sie seit damals, als wir in unserer Kindheit zum ersten Mal die abenteuerliche Geschichte von Odysseus gehört haben, untrennbar mit der Handlung der *Odyssee* und mit der unseres Lebens verbunden sind.
Wir können uns gar nicht vorstellen, dass es diese Menschen auch außerhalb von Homers Epos gegeben hat, dass sie geliebt und gehasst haben, dass sie freundlich oder grausam waren.
Zu dieser Täuschung durch die Zeit der Narration gesellt sich die private Täuschung durch die chronologische Zeit unseres einzigartigen Lebens.
Aufgrund unserer Kenntnis der *Odyssee* sind deren Protagonisten untrennbar mit unserer *persönlichen* Erinnerung an das Epos verbunden, das allein uns und niemandem sonst auf der Welt gehört – als Kinder haben wir gemeinsam mit Nausikaa verliebt ge-

seufzt, als Erwachsene haben wir uns einsam wie Kirke einen One-Night-Stand ohne Liebe gegönnt.

Die Insel der Phäaken und Skylla und Charybdis erscheinen uns, den Lesern der *Fahrt der Argonauten,* wie ein allseits bekannter Ort, doch nur wir wissen, dass er mit einer einzigen Person verbunden ist. In ähnlicher Weise sind ganz gewöhnliche Worte zum Privatlexikon einer Liebesgeschichte geworden – nie im Leben würden wir sie anderen gegenüber aussprechen.

Die Fahrt der Argo, die Geschichte Medeas und Jasons, der Mythos der Argonauten, von denen später einige am Trojanischen Krieg teilnehmen werden, ereigneten sich Jahrzehnte vor der Zeit der *Ilias* und der *Odyssee* – eine *wohlbekannte Legende,* wie Homer sie im 12. Buch seiner *Odyssee* bezeichnet. Doch Apollonios von Rhodos, der Autor der *Fahrt der Argonauten*, hat fünfhundert Jahre nach Homer die Fahrt der Argo in sublimen Versen besungen. Und wer weiß, wie viele es vor ihm versucht haben, die namenlos geblieben sind und sich nicht in die Geschichte der griechischen Literatur eingeschrieben haben, die lückenhaft, fragmentarisch, unvollständig ist.

Apollonios, der vor zweitausend Jahren Proust vorweggenommen hat, wusste das. Er wusste, wenn er Kirke, Kalypso, die Sirenen erwähnte, würde sich der Leser immer nur an die Werke Homers erinnern und sie mit einem *zuvor* verwechseln, das es nur dank der Erzählung gibt.

Seine Absicht besteht absolut nicht darin, das Leben und die Psyche seiner Figuren in historischer oder literarischer Hinsicht zu rekonstruieren, bevor sie Odysseus begegneten – er will kein Prequel oder keinen Spin-off verfassen, wie wir heute sagen würden.

Als ausgezeichneter Regisseur spielt Apollonios von Rhodos hingegen mit den Illusionen, den Tricks, den vermeintlichen

Gewissheiten und den Lücken, die aufgrund der Erinnerung der Leser entstanden sind.

Er weiß sehr wohl, wenn er die Insel Kalypsos oder den König der Phäaken erwähnt, werden die Argonauten dreimal Protagonisten: Protagonisten ihrer eigenen Geschichte, Protagonisten der *Odyssee* sowie jener Geschichte, die sich in das Gedächtnis der Leser eingegraben hat.

Odysseus' Fahrt, seine Abenteuer sind allgegenwärtig, werden jedoch kein einziges Mal erwähnt, denn sie haben sich noch nicht ereignet. Doch ihre Abwesenheit verwandelt sich auf den Buchseiten in deutliche Anwesenheit.

Die Rückfahrt, von der im vierten Buch der *Fahrt der Argonauten* erzählt wird, erscheint dem Leser als eine Art *Suche nach der verlorenen Zeit* vor der *Odyssee*, doch in Wirklichkeit ist es eine *wiedergefundene Zeit*.

Deshalb hat die Erzählung über die Rückreise der Argo die Kraft, aus der Sphäre der einzigartigen literarischen Beschreibung der Geschichte Jasons und Medeas herauszutreten und sich mit dem persönlichen Horizont aller Männer und Frauen zu verbinden, die – egal in welcher Zeit – eine Reise der Veränderung, des Erwachsenwerdens und der Erfahrung in Richtung ihres inneren Ithaka unternommen haben.

Dank der Rückkehr der Argo gelingt es uns, die verstreuten Fragmente unserer ewigen Reise von einem Hafen zum anderen zusammenzusetzen.

Apollonios wusste das, und um uns zu helfen, hat er geschrieben: Die *Odyssee* ist das wichtigste, einzige und unersetzbare Schiff.

Die *Argonautika* sind das leichte Rettungsboot, eine Zusammenfassung, die Leben rettet.

Auf der Rückfahrt nach Griechenland treffen die Argonauten außer Alkinoos nur Frauen.

Wie in den homerischen Epen verwandelt immer eine Frau den Helden in ein menschliches Wesen, den Feind in einen Mann; und zwar mithilfe der Liebe. Jenseits der übermenschlichen Kraft und der übermenschlichen Leidenschaften von Göttinnen wie Athene oder Aphrodite macht die Liebe einer Frau in allen Nuancen – ob eifersüchtig oder weise, ausgeglichen oder erotisch, ungestüm oder unabhängig – die Helden des Trojanischen Krieges zu Menschen.

Aber im Gegensatz zur *Ilias* und zur *Odyssee* ist in den *Argonautika* Medea die einzige weibliche Protagonistin. Sie ist die Synthese aller homerischen Frauen, ihr Prolog und ihr Epilog. Indiz, Spur, alles.

An Medea blendet uns die Einzigartigkeit und zugleich die Vielfältigkeit.

Sie ist nur Medea, doch gleichzeitig ist sie alle homerischen Frauen – die verliebte Kalypso, die verbündete Andromache, die skrupellose Kirke, die wunderschöne Helena, die weise Nausikaa – die Fremde vereint alle ihre Gefühle, alle ihre Gesten in sich.

Medea repräsentiert alle Frauen, die in uns wohnen. Töchter, Mütter, Ehefrauen, Liebhaberinnen, Verführerinnen, Freundinnen, *Frauen,* seit dem Tag, an dem wir auf die Welt gekommen sind.

Nostos oder die Heimkehr

> Arthur LaBarge, ein Matrose auf dem Öltanker *Oneida*, sagte nach einer Fahrt durch die Nordsee: „Weder auf der Hinnoch auf der Rückfahrt gab es eine Notfallübung."

Die Argonauten entfernten sich rasch von Kolchis. Sie ließen das Land der Paphlagoner hinter sich; über den Fluss Ister* erreichten sie die Adria, das Meer des Chronos.

Erfreut über den angenehmen Wind ließen sie die Libyrnischen Inseln hinter sich, Issa und Dyskelados und das liebliche Pityea, und am Horizont erblickten sie Melite (wie Malta in der Antike hieß) und die steile Insel Kerossos.

Ein Stück weiter hinderte der von Hera geschickte Wind sie daran, auf der Insel der bezaubernden Nymphe und Atlas-Tochter Kalypso anzulegen.

Die Argo aber schoss mit geblähtem Segel weiter voran, bis sie die Mündung des Flusses Eridanos erreichten, wie der Po in der Antike hieß, und ihn flussaufwärts befuhren.

Die Schifffahrt wurde nun schwer und mühevoll aufgrund der Hitze und des grauenhaften Geruchs in der Poebene, die damals ein einziger Sumpf war. Der griechischen Mythologie zufolge

---

* Unterlauf der Donau

wurde die sengende Hitze von Phaeton, dem Sohn des Sonnengottes, hervorgerufen, der ausgerechnet hier abgestürzt war, nachdem ihn Zeus bestraft hatte. Phaeton hatte die Erlaubnis erhalten, den Sonnenwagen zu lenken, doch als er den Tierkreis am Himmel sah, erschrak er so sehr, dass er zu niedrig flog und somit alles verbrannte, was ihm auf seinem Weg entgegenkam. Phaetons Schwestern, die kleinen, in Pappeln verwandelten Heliaden, beklagen ihn noch immer entlang des Po. Ihre Tränen, die von der Sonne verfestigt wurden, verwandelten sich in Bernstein, das am Grunde des Flusses leuchtend rieselte.

Aufs Neue hatten die alten Griechen eine Erklärung für alles, sogar für die brennend heißen Sommer in der Poebene – doch Bernstein findet man nicht mehr, dafür viele Klimaanlagen.

Nachdem sie tage- und nächtelang ohne Pause gerudert hatten, fuhr das Schiff, wie Apollonios von Rhodos erzählt, den Po flussaufwärts, und über einen Zweig des Rhodanus, den die Geografen als die südliche Rhone erkennen, erreichten sie das Meer, zuerst das ligurische und dann das tyrrhenische.

> *Und nach langer Zeit kamen sie an die meerumflossenen Küsten, während sie nach dem Willen Heras zehntausend Völker der Kelten und Ligyer unangefeindet durchquerten. Denn rings um sie goss die Göttin jeden Tag einen unheimlichen Nebel aus, solange sie unterwegs waren.*

Erschöpft ruhten sie sich auf den wunderschönen Stränden der Insel Elba aus, und von dort fuhren sie zur Insel Aiaie weiter, wo sie die Haltetaue vom Schiff aus ans Gestade warfen.

Das war das Vorgebirge Circeo, ursprünglich eine von Wasser umgebene Halbinsel, die nur durch eine schmale, sandige Landzunge mit dem Festland verbunden war. Hier wohnte die Zauberin

Kirke. Merkwürdige Geschöpfe, die weder wilden Tieren noch Menschen glichen, sondern an dieser oder jener Stelle ihres Körpers vermischt andersartige Glieder aufwiesen, kamen alle zusammen, wie Schafe in Mengen aus ihren Ställen drängen und ihren Hirten begleiten.

Kaum sahen sie die wunderschöne, mächtige Frau, blieben die Helden sprachlos stehen, doch Jason erkannte beim ersten Blick, dass Kirkes erhabener Stolz derselbe wie der Medeas war. Tatsächlich waren die beiden Frauen Tante und Nichte, die Zauberin war ja die Schwester des Aietes. Und das ganze Geschlecht des Helios war sehr deutlich daran zu erkennen, dass sie unter den Lidern schon vom Weitem *einen Glanz mit Flimmern wie von Gold* verströmten.

Obwohl Kirke nach nächtlichen Träumen Ängste bedrängten, begriff sie sofort, dass die Nichte heimatlos und schutzbedürftig war.

Sie lud Jason und Medea ein, Platz zu nehmen, und forderte sie auf, ihr ausführlich von der Reise und den Abenteuern zu erzählen.

> *Und die erzählte ihr also, als sie nach all und jedem fragte, wobei sie die kolchische Sprache hervorbrachte, sie, die Tochter des Schweres sinnenden Aietes, auf freundliche Art: sowohl vom Zug als auch von den Fahrten der Helden, und wie sehr sie sich bei den harten Prüfungen abgemüht hätten [...] und wie sie dem übergewaltigen Schrecken vonseiten ihres Vaters [...] in die Ferne entkommen sei.*

Das Mädchen suchte nach Zustimmung für ihre Liebe, doch die Tante hatte nur Ablehnung und böse Worte für sie bereit. Kaum hatte sie ihre Rede vernommen, sprang Kirke auf und schickte die Nichte mit bösen Worten weg, nannte sie *Schmähliche* und *Begleiterin des Fremden*.

Medea weinte, doch Kirke jagte sie fort, verweigerte ihr sogar eine Umarmung.

Und nicht sollst du mich auf Knien am Herd anflehen! Denn ich werde deine Pläne und die schändliche Flucht nicht billigen!

Medea ergriff unseliger Kummer, sie warf ihr Gewand über die Augen, um die Verachtung ihrer Tante nicht zu sehen.

Jason nahm sie an der Hand und führte die vor Schrecken Bebende aus dem Palast hinaus. Ohne ein Wort des Abschieds verließen sie Kirkes Haus.

Die Frau blieb unbewegt in ihrem wunderschönen Palast, verärgert, doch fest entschlossen, nie wieder jemanden zu lieben, in der absichtlich gewählten Einsamkeit, die sie mit allen Mitteln verteidigte, von der Welt getrennt.

Mit demselben unbeugsamen Blick, als ob sie auf Asche säße, die man mit einem Taschentuch wegwischen konnte, würde sie an einem fernen Tag Odysseus ansehen, der sie auf immer verließ.

Wie schön ist doch die Meerenge, die Sizilien von Kalabrien trennt, ich erinnere mich an das Licht bei Sonnenuntergang, im Winter, so rot und violett glühend, dass ich dachte, Skylla und Charybdis seien aus dem Wasser in den Himmel emporgestiegen.

Hier, auf einer Terrasse in Messina, neben einer Freundin sitzend, die wie ich die Worte der Antike liebt und die seltene Gabe besitzt, sie zu neuem Leben zu erwecken, indem sie mit Leidenschaft erzählt, war mir auf einmal der Sinn eines der vielen griechischen Wörter klar geworden, mit denen das Meer bezeichnet wird: πόντος *(pontòs)*. Es hat dieselbe Wurzel wie die *ponti,* die Brücken auf dem Festland.

An diesem Tag, während meine Freundin erzählte, dachte ich, dass die großen und brutalen Bauwerke, die seit Jahrzehnten angekündigt und aufgeschoben werden, vielleicht gar nicht nötig sind: Das Meer selbst ist die Brücke über die Meerenge, ist es immer schon gewesen. Dieser Wasserstreifen vereint Sizilien und Kalabrien, während wir Zeitgenossen immer nur den Riss, die Entfernung, die Eile, das Hindernis, die Trennung sehen.

> *Höre jetzt, göttliche Thethis, was ich dir zu sagen wünsche! Du weißt, wie sehr ich in meinem Herzen den Held, den Aisoniden, ehre und die anderen Helfer bei seiner Arbeit, und wie ich allein sie gerettet habe, als sie die Plankten-Felsen durchquerten, wo gewaltige Feuerwirbel brausen und die Wogen um harte Riffe tosen. Jetzt jedoch erwartet sie der Weg an der großen Klippe der Skylla und der sich gewaltig brechenden Charybdis vorbei.*

So flehte Hera Thetis, die schönste und mächtigste Nereide, die Meeresnymphe und Tochter des Nereus, an, damit sie den Argonauten half, die schrecklichen Strömungen in der Straße von Messina zu überwinden.

Zwei Ungeheuer, Skylla und Charybdis, bewachten die Meerenge und herrschten über sie.

Sie waren früher ebenfalls Nymphen gewesen, lebten jetzt in Unterwasserhöhlen und hinderten alle daran, die Straße zu durchqueren.

Skylla, die in Kalabrien zu Hause war, war ausgerechnet von Kirke in ein Wesen mit sehr langen Tentakeln und sechs Hundeköpfen verwandelt worden, aus Eifersucht, weil Glaukos, der schöne Sohn Neptuns, Kirke abgewiesen hatte; er hatte sich vielmehr in das junge Mädchen verliebt, das ahnungslos, ohne an Kirkes Rache zu denken, am Strand von Messina badete.

Charybdis hingegen sah aus wie eine Lamprete aus der Meerestiefe. Mit einem Mund voller Zähne, aus dem wilde Strömungen sprudelten, verschlang sie die vorbeifahrenden Schiffe. Als sie versucht hatte, die Rinder des Herakles zu stehlen, hatte Zeus sie für ihre Gefräßigkeit bestraft und in ein Ungeheuer verwandelt.

Thetis kam Heras Bitte sofort nach und rief ihre Schwestern, die Nereiden, zu sich. Gemeinsam schwammen sie durch das Ausonische Meer, in dem die Argo unterwegs war.

Doch die Nymphe konnte der Versuchung nicht widerstehen, ihren Gatten Peleus, einen der Argonauten und *besten aller Männer,* wiederzusehen.

Sie liebte ihn noch immer wie am glücklichsten Tag ihres Lebens, als er um ihre Hand angehalten hatte: Die Hochzeit von Peleus und Thetis war die schönste und romantischste der ganzen Antike, alle Schriftsteller und Bildhauer versuchten, die einzigartige Liebe zwischen einem Sterblichen und einer Meeresnymphe zu verewigen.

Andererseits hatte Thetis dem Mann noch immer nicht verziehen, dass er ihr Unrecht getan hatte, und aus Stolz würde sie ihm auch nie verzeihen; so waren beide zu einem Leben verdammt, in dem sie auf ewig um ihre Liebe trauerten.

Thetis näherte sich Peleus, unsichtbar für alle anderen und wunderschön für ihn, und richtete folgende Worte an ihn:

> *Sitzt jetzt nicht mehr herum, indem ihr hier an den Tyrsenischen Küsten bleibt, sondern löst in der Frühe die Hecktaue des schnellen Schiffes, Hera gehorchend, eurer Helferin! Denn auf ihre Aufträge hin kommen die Nereiden-Mädchen in aller Eile zusammen, um das Schiff durch die Felsen, die ‚Plankten' genannt werden, hindurchzuretten.*

> *Denn das ist der für euch vom Schicksal bestimmte Weg.*
> *Du aber zeige niemandem meine Gestalt, wenn du siehst,*
> *wie ich mit den Nereiden zusammenkomme! Und behalte*
> *es im Sinn, auf dass du mich nicht noch mehr erzürnst,*
> *als du mich schon vorher ohne Rücksicht erzürnt hast.*

Gleich darauf verschwand sie und tauchte in den Tiefen des Meeres unter. Peleus konnte nicht einmal ein Wort an seine Frau richten, die er liebte und verloren hatte.

Ein schrecklicher Kummer traf ihn: Seit Thetis sein Gemach und sein Lager verlassen hatte, hatte er sie nicht mehr gesehen.

Beide hatten zu sehr geliebt, und die Liebe hatte das strahlende Paar, das sie waren, nicht gestärkt, sondern zugrunde gerichtet.

Sie hatte Achill, ihren geliebten Sohn, zu sehr beschützt, sie wollte ihn vor allen Gefahren bewahren. Die unsterbliche Thetis wollte Achill das ewige Leben schenken, ohne dass Peleus es bemerkte, damit sie sich niemals von ihm trennen musste.

Sie praktizierte einen Zauber, salbte seinen Körper mit Ambrosia und brannte sein Fleisch im Feuer. Peleus, der davon nichts wusste, erschrak beim Anblick der Flammen, die seinen Sohn umzüngelten. Er glaubte, Achill retten zu müssen, und riss Thetis den Säugling aus den Armen.

Da der Zauber jäh unterbrochen wurde, war Achill an seinem ganzen Körper unverwundbar, außer an der Ferse, an der ihn sein ahnungsloser sterblicher Vater gehalten hatte.

„Ich armer Narr!", sagte Peleus jetzt zu sich, während seine Gattin in der weißen Gischt verschwand.

Peleus und Thetis sollten sich nie mehr sehen, außer im Traum.

Sie wussten nicht, dass Achill in Troja sterben würde, an der Ferse von Paris' Pfeil getroffen. Doch viel später, als er bereits in den Elysischen Gefilden weilte, gewährte ihm Hera eine einzigartige Gattin, mit der er im Jenseits dieselbe Liebe erlebte, die auch seine Eltern geeint hatte, die einander, um den Sohn zu beschützen, für immer verloren hatten.

Medea war die Frau, mit der sich Achill im Jenseits auf immer und ewig vereinigen sollte.

Und ein freundlich wehender Wind trug das Schiff davon. Und bald erblickten sie die schöne Insel Anthemoëssa, wo die hell tönenden Sirenen, die Acheloos-Töchter, mit ihren süßen Gesängen Zauber ausübten und so jedem Schaden antaten, der das Haltetau auswarf.

Das war die „blühende Insel", wie Apollonios sie nennt, die „blühenden Wiesen", wie Homer schreibt, die wir heute auf den Klippen zwischen Capri und Sorrent orten können. Hier lebten die Sirenen, wunderbare mythologische Geschöpfe mit dem Körper eines Vogels und dem sanften Gesicht einer Frau. Sie waren entweder die Töchter Terpsichores, der Muse des Tanzes, oder Melpomenes, der Muse des Gesanges, und mit ihrem Gesang hatten sie schon viele Männer verführt und um die Freude der Heimkehr gebracht.

Doch die Sirenen sangen nicht von Sinneslust: Sie sangen von Pein, von Sehnsucht, von Trauer um das Vergangene. Und ihre *lilienzarten Stimmen* hielten alle auf, die ihnen zuhörten.

Ihre Gesänge waren wie Tränen, die das verborgene und unterdrückte Weinen derer auslösen konnten, die weit gereist waren.

Fasziniert von den Stimmen, die einen inneren Sturm auslösen konnten, beschlossen die Seefahrer, die Haltetaue auszuwerfen und sich der Erschöpfung zu überlassen, die ein jeder fühlt, der zu lange nicht gesprochen und nicht geweint hat. Der zu lange die Regel befolgt hat, hart zu bleiben und sich nie schwach zu zeigen.

Wie oft haben die Sirenen auch für uns gesungen und wir haben innegehalten? Um wie viel gefährlicher ist die Sehnsucht nach dem, was war, im Vergleich zu den Gefahren, die noch sein werden?

Sofort spannte der Argonaut Orpheus die Saiten seiner Leier und ließ die rasche Weise eines fröhlichen Liedes ertönen, um die Gesänge der Sirenen zu übertönen, bis ihre Stimmen nur noch ein undeutlicher und ferner Gesang waren, den der Wind zerstreute.

Hin und wieder kann ein Lächeln den vagen Kern der Melancholie zerstreuen, den wir in uns tragen.

Doch einer der Helden, Butes, sprang von der Ruderbank ins Meer, verzaubert von der verführerischen Stimme der Sirenen. Mit großen Armschlägen schwamm er zu ihnen hin, seinem Schicksal entgegen, nämlich niemals mehr in die Heimat zurückzukehren.

Die Argonauten sahen dem Freund traurig nach, dem *Unglücklichen*, der aufgrund eines Augenblicks menschlicher Schwäche dazu verdammt war, sich zwischen den Blumen der Küste Amalfis vor Sehnsucht zu verzehren.

Schließlich erreichte die Argo den *Kreuzweg der Salzflut,* die Straße von Messina.

Die Argonauten erbebten beim Anblick des Felsens der Skylla auf der einen und dem Brüllen der aufschäumenden Charybdis auf der anderen Seite.

Doch schon eilten ihnen die Nereiden zuhilfe, von Thetis angeführt, die das Blatt des Steuerruders ergriff.

Nun folgt eine der schönsten Szenen der *Fahrt der Argonauten* und vielleicht der ganzen griechischen Dichtung.

> *Und wie wenn sich Delphine unter heiterem Himmel von*
> *unten aus der Salzflut heraus in Schwärmen um ein dahin-*

eilendes Schiff schlängeln, wobei sie sich bald von vorn sehen lassen, bald hinten, bald seitwärts – für die Seeleute aber ist es eine Freude: So schlängelten sich die Nereiden, darunter hervor- und vorauseilend, dicht nacheinander um das Argo-Schiff. Thetis aber lenkte ihren Weg.

Und als sie durch die Meerenge fuhren, schwärmten die Nymphen hoch auf die Riffe auf beiden Seiten der Straße.

Die Nereiden verwandelten sich aufs Neue in wunderschöne Mädchen, hoben den Gewandsaum bis zu ihren weißen Knien empor und bildeten so eine mächtige und harmonische Strömung, die die Argonauten schnell aus der Straße hinaustrug, ohne dass sie gegen Skylla oder Charybdis stießen.

Sie erzeugten einen günstigen Wind und warfen das fahrende Schiff abwechselnd, die eine von hier, die andere von dort über die Wogen hin durch die Luft, immer weg von den Felsen, und rings um sie brodelte das Wasser.

Und die wie Jungfrauen am Sandstrand getrennt in zwei Gruppen – sie haben den Gewandbausch bis zu ihren Hüften hochgerollt – mit einem runden Ball spielen; die eine fängt ihn da von einer anderen auf und wirft ihn hochfliegend in die Luft; der aber berührt niemals den Boden: So warfen diese das fahrende Schiff abwechselnd, die eine von hier, die andere von dort, über die Wogen hin durch die Luft, immer weg von den Felsen; und rings um sie kochte sich brechend das Wasser.

Ein Kinderspiel rettete also die Argonauten, die glücklich und staunend zur Insel Drepane, dem heutigen Korfu, weitersegelten.

Medea und Jason warfen einander einen verliebten Blick zu und fuhren weiter nach Griechenland.

Das Schicksal hätte für ihre Hochzeit und ihre erste Liebesnacht keinen schöneren Hintergrund wählen können als den Strand, auf dem sich die junge Nausikaa später in Odysseus verlieben würde.

Im Falle eines Schiffbruchs

> Die Zeit ist vorbei, in der man sich vom Schaukeln das Bootes einlullen lassen kann, in der man mit einem Tau oder mit zweien spielt und denkt: „George wird es schon erledigen."
> Bei einem Torpedotreffer gerät „George" vielleicht noch mehr in Panik und ist noch unerfahrener beim Wassern eines Rettungsbootes als Sie, wahrscheinlich liegt es jetzt an Ihnen, ihn sicher vom sinkenden Schiff zu bekommen.

Die Argo verließ Drepane in der Morgenröte. Und in der Frühe kam bei heiterem Himmel eine sanfte Brise auf.

Die Argonauten fuhren rasch Richtung Heimat, schon wurde am Horizont das nebelverhangene Land des Pelops sichtbar.

Da entführte sie mitten während der Fahrt ein verhängnisvoller Wirbel des Boreas und trug sie zum Libyschen Meer.

Plötzlich erfasste ein wütender Sturm das Schiff und zog es neun ganze Nächte und ebenso viele Tage, bis sie voll und ganz in die Syrte zwischen Karthago und Kyrene (zwischen dem heutigen Tunesien im Westen und Libyen im Osten) einliefen, von wo es für Schiffe keine Rückkehr mehr gibt.

> *Denn überall sind seichte Stellen, überall in der Tiefe Algendickicht, und über diesem fließt lautlos Wasserschaum. Und Sand, unendlich wie der Himmel, breitet sich daneben aus, und nichts Kriechendes und nicht Fliegendes regt sich dort.*

Argo wurde also vom Sturm ganz tief in die Strandbucht hineingetrieben, der Kiel steckte im Sand fest.

Die Helden wurden von Kummer ergriffen: Der graugrüne Landrücken in derselben Farbe des Himmels erstreckte sich in die Ferne, so weit das Auge reichte. Keine Wasserstelle, kein Pfad, nicht einmal der armselige Stall eines Hirten. Alles wurde von ruhiger, schwerer Stille beherrscht, die weder den Menschen noch dem Leben günstig war.

Schneidend wie ein Messer, das in einen bereits sterbenden Körper eindringt, ist Jasons griechischer Ausdruck, mit dem er diesen Ort bezeichnet: *Welches Land soll dies hier sein?*

Jeder Reisende, der heute das öde, schlammige Land besichtigt, das Nordlibyen von jenem Mittelmeer trennt, das für die Griechen Brücke, Straße nach Hause war, würde dieselben Worte verwenden. Und ich bin mir sicher, dass viele Frauen und Männer, die noch nie etwas von Apollonios von Rhodos gehört haben und genau in diesem Augenblick erschöpft die unfruchtbare Wüste betrachten, dasselbe denken und hoffen, sich mit einer Reise in eine neue Heimat zu retten. Sie sind Überlebende von Kriegen, die nicht sie angezettelt haben, und zahlen dreitausend Jahre nach Jason den Preis dafür.

Entsetzt wohnten die Argonauten ihrem Schiffbruch bei und fluchten auf die universale Regel, dass man bei der Rückfahrt eine andere Route nehmen müsse als bei der Hinfahrt. Sie schimpften auf die von Zeus festgelegte Bestimmung.

Zum ersten Mal, seitdem sie das Goldene Vlies in Händen hielten, hatten sie das Gefühl, eine Niederlage zu erleiden, und verspürten sinnlosen Groll, vermischt mit fruchtlosem Bedauern.

Sie gaben der bequemen Versuchung nach, jemand anderem die Schuld zu geben: Wut, so unfruchtbar wie die Wüste, bewirkt, dass wir uns unschuldig fühlen, als Opfer einer ungerechten Bestrafung, und die banalsten Regeln infrage stellen. Doch nicht immer läuft es, wie es laufen soll. Fast nie.

> *Wohin haben uns die Sturmwinde getrieben? Wenn wir es doch gewagt hätten, [...] denselben Weg durch die Felsen hindurch zu nehmen! Und es wäre fürwahr, auch wenn wir gegen die Bestimmung des Zeus gefahren wären, besser gewesen, doch nach etwas Großem zu trachten und dabei zugrunde zu gehen. Was aber können wir jetzt tun, da wir durch Winde festgehalten werden und hier bleiben müssen, wenn auch nur für kurze Zeit? Wie öde breitet sich der Saum des weit ausgedehnten Festlandes aus!*

Unter Tränen verfluchten sie Nemesis und ignorierten dabei die Tatsache, dass das Scheitern Teil des fehlbaren, also menschlichen Lebens ist, sie verwechselten es mit einer Rache des Schicksals.

Doch wir sollten sie nicht tadeln. Im Falle eines Schiffbruchs machen auch wir es nicht anders.

Wir alle stolpern hin und wieder.

Wir stolpern, wenn wir der letzten U-Bahn am Abend nachlaufen oder beginnen vor Aufregung zu stottern.

Ich könnte ein ganzes Buch füllen, wollte ich alle Gelegenheiten aufzählen, bei denen ich bei mehr oder weniger offiziellen Anlässen über eine Stufe gestolpert bin, eine Person unabsichtlich gestoßen habe, weil ich einen viel zu großen Koffer hinter mir herzog, als ich stotternd eine Rede begann, gegen eine Glastür gerannt bin, unverzeihliche Grammatikfehler begangen habe, für die ich mich unsäglich genierte. Derartige Pannen sind für uns schrecklich peinlich, doch die, die uns mögen, sehen lächelnd darüber hinweg.

Nichts anderes bedeutet scheitern: fallen, *fallire* im Italienischen, das sich vom lateinischen *fallere* und davor vom griechischen σφάλλω *(sphàllo* = fallen, stolpern, einen Irrtum begehen) herleitet.

Heute wird man für das Scheitern öffentlich an den Pranger gestellt und schämt sich privat dafür, es ist Synonym für eine Katastrophe, einen Misserfolg, einen Zusammenbruch, es ist ein unauslöschlicher Schandfleck, der sich nicht nur auf eine einmalige Tat, sondern auf die ganze Person bezieht – die in die Hölle der Gescheiterten gestoßen wird, derer, die in gewisser Weise zerbrochen sind. Ähnlich wie das Wort *Schiffbruch*, das oft als Synonym einer persönlichen Niederlage verwendet wird, obwohl es sich doch nur auf das kaputte Schiff bezieht und nicht auf den, der es steuert, der vielmehr aufgerufen ist, es in einen sicheren Hafen zu lenken, um sich selbst in Sicherheit zu bringen.

Wir modernen Schiffbrüchigen der Worte haben uns von der wahren Bedeutung des *Scheiterns* entfernt, wir haben das *Fallen* zur schlimmsten Sünde gemacht. Es ist der größte Fehler, den man auf unserem Weg nach oben auf alle Fälle verschleiern muss, unsere Schritte sollen schnell und perfekt, nie unsicher sein.

Wir verhalten uns wie Unfehlbare, wir betrachten mitleidig den Schwächeren, berufen uns auf den Darwinismus und vergessen dabei ganz, dass es noch nie ein Leben ohne Irrtum gegeben hat und ein solches Leben auch nicht vorgesehen ist.

Die Fehlbarkeit ist die Haupteigenschaft des Menschen, sie unterscheidet uns vom unfehlbaren Göttlichen.

Dem, der sich nie irrt, der nie fällt, sollten wir lieber misstrauen. Er ist nicht immer der Tapferste, sondern vielleicht der

Zerbrechlichere, der sich nicht gestattet, seine fehlbare, unvorhergesehene und somit überraschende menschliche Seite zuzulassen.

Wir sollten ihn lieber umarmen.

Wie uns das Wort *fallire* in Erinnerung ruft, ist *fallen, scheitern* weder Schuld noch Sühne, weder Gesetzesbruch noch Ungerechtigkeit.

Wir sind auf der Welt, um zu fallen und wieder aufzustehen.

Das wahre Scheitern liegt in der gegenteiligen Auffassung, wonach Scheitern bedeutet, nicht nie zu stolpern, sondern am Boden liegenzubleiben.

Die Kunst zu scheitern ist die menschlichste Schwäche, und als solche verdient sie die größte Zuneigung. Wie sollte man nicht über die ersten schwankenden, unsicheren Schritte eines Kindes, das gerade gehen lernt, lächeln? Und stellt nicht die Mutter das Kind, das gerade hingefallen ist, mit einem Kuss auf die Stirn wieder auf?

Wenn man das Scheitern aus der richtigen Perspektive, mit dem richtigen griechischen Blick betrachtet, entlockt es uns fast immer ein Lächeln.

Wie das Scheitern des Schiffes Argo, des ersten gebauten Schiffes, das von einer Schar Helden gelenkt und so weit über das Meer gefahren war, das so viele Gefahren – von Skylla und Charybdis bis zu den Simplegaden – überwunden hatte und jetzt nicht im tiefen Meer Schiffbruch erlitten hatte, sondern auf dem Festland steckengeblieben war.

Gibt es einen Augenblick im Leben, in dem wir noch unbeholfener und tollpatschiger sind als in dem einzigartigen Augenblick, in dem wir uns verlieben?

Wir fühlen uns so unpassend in den Kleidern, die wir nach stundenlangem Nachdenken und Beratschlagungen ausgesucht haben, die Hände, mit denen wir die Kaffeetasse halten, zittern, wir lächeln, während wir uns beim Abendessen die Bluse mit Sauce bekleckern. Unsere Worte sind zögernd und ungenau, nie „die richtigen". Doch es gibt keine perfekten Worte, es gibt nur unsere Worte, mit denen wir erklären, wer wir wirklich sind.

Die Liebe ist das Abenteuer des Lebens, und die Quote des Scheiterns ist dabei so hoch wie bei keinem anderen.

Wie in der Geschichte von Jason und Medea gibt es kein Hindernis, kein Unglück und keine Aufgabe, die uns daran hindern könnte, uns zu verlieben. Auch wenn es keinen Satz auf der Welt gibt, der ein höheres Risiko birgt, zu stolpern, auszurutschen, zu fallen, eine Treppe hinunterzurollen, als:

Ich liebe dich.

Angesichts des grassierenden Zynismus' und der Herzenskälte führt Scheitern zum Ausschluss aus einer Gesellschaft, die auf Erfolg und der – allzu gut als Recht verkleideten – Pflicht beruht, immer zu siegen. In unserer Gegenwart ist es obligatorisch, immer und um jeden Preis als Erster ans Ziel zu kommen, und natürlich ist es verboten, dabei zu stolpern.

Der Preis ist die hohe Rate an Depressiven, vor allem unter Jugendlichen, denen niemals jemand die Hand gereicht hat, um ihnen beim Aufstehen zu helfen, als sie zum ersten Mal gefallen sind, denen stattdessen die rote Karte gezeigt wurde.

Sie sind beim ersten Scheitern allein geblieben, man hat sie auf dem Boden liegen lassen. Scheitern, fallen ist zu einem Foul wie beim Fußball geworden, zu einer Gesetzesübertretung, einem Regelbruch im grausamen modernen Spiel der Perfektion.

Um zu bekämpfen, was wir selbst hervorgebracht haben, hat man in einer der berühmtesten Universitäten Amerikas, dem exklusiven *Smith College* in Massachusetts, die Kunst zu scheitern – *fail* auf Englisch – zum Unterrichtsfach erhoben. Seit 2017 können Studenten – beziehungsweise Studentinnen, das Smith ist eine

Frauenuniversität – nicht nur Kunstgeschichte, Chemie, Französische Literatur, sondern auch das Fach *Misserfolg* belegen. Die Universität bietet einen Lehrgang namens *Failing Well*, gut Scheitern, an, in dessen Rahmen man per Streaming berühmten Persönlichkeiten die eigenen Schwächen gestehen kann. Von banalen Pannen wie „Ich habe eine schlechte Note bekommen" über „Ich bin zu spät zum Aufnahmetest erschienen" bis „Ich bin durchgefallen".

Die menschliche Mangelhaftigkeit, die so heroisch ist, wenn sie die Menschen dazu bringt zu lieben, ist zum Unterrichtsstoff geworden. Prüfungsstoff. Am Ende des Lehrgangs bekommt man vom Smith College ein schönes Zeugnis auf Pergament. Ein Diplom im Scheitern.

Die Argonauten wurden bleich vor Angst, und zugleich stieg ihnen das Blut ins Gesicht: *Blässe ergoss sich über ihre Wangen,* wie wenn *geschnitzte Götterbilder von selbst in Schweiß geraten und Blut verströmen.*

> *Wir sind augenscheinlich am schrecklichsten Schicksal*
> *zugrunde gegangen, und es gibt kein Entrinnen aus dem*
> *Unheil. Und es steht uns bevor, das Hündischste zu erleiden,*
> *hingeduckt in dieser Ödnis …*

sagte der Lenker Ankaios in ihrem Kummer zu ihnen, und weiter:

> *Deswegen sage ich, dass sich alle Hoffnung auf Seefahrt und*
> *Heimkehr zerschlagen hat. Doch soll ein anderer seine*
> *Kenntnis zeigen! Denn es liegt an ihm, sich ans Steuerruder*
> *zu setzen, wenn er die Rückfahrt sucht. Doch gar nicht*
> *will Zeus den Tag der Heimkehr nach unseren Mühsalen*
> *vollenden.*

Keiner trat vor, alle betrachteten die Argo, die im Sand und Schlick Nordafrikas steckte.

> *So schleppten sich damals die Helden am langen Strand hin und waren betrübt,*

wie die Menschen durch die Stadt irren, wenn ein Krieg, eine Pest oder ein Gewitter droht, das die mühevoll gepflügten Felder überschwemmen wird.

Apollonios beschreibt die Gesten der Argonauten, so wie auch wir eine gesichtslose Menge von Männern und Frauen beschreiben würden, als *leblose Schatten,* die am Abend gebückt von der Arbeit nach Hause kommen, als ob ihre Seele in einem Büro oder einem unbequemen Pendlerzug verdorrt wäre, in den sie morgens und abends steigen müssen.

Als der finstere Abend heraufkam, umschlangen die Argonauten einander mitleidvoll mit beiden Armen, um das zu tanken, was sie in diesem Augenblick am dringendsten brauchten: nicht Essen oder Wasser, sondern Zuneigung. Danach warfen sie sich getrennt, augenscheinlich ein jeder einzeln in den Sand. Der eine ging hierhin, der andere dorthin, um weiter entfernt einen Lagerplatz zu wählen.

Sie verhüllten das Haupt mit ihren Gewändern, lagen unbeweglich die ganze Nacht. Mit Kälte im Herzen weinte jeder Argonaut die Tränen, von denen man nicht weiß, woher sie kommen, die jedoch nie ein Ende nehmen.

Medea, fernab und allein, schlief in dieser Nacht nicht. Mit den blonden Haaren im Sand betrachtete sie die Sterne, auf den Lippen *ein erbarmenswertes Klagelied, [...] wie wenn einsam, aus einem Felsen, einem Spalt gefallen, unflügge Vogeljunge schrill kreischen.*

Auch Medea, die gerade erst flügge geworden war, hatte ihr Nest, ihr Elternhaus in Kolchis, den Vater Aietes, ihre Mutter, ihre Freundinnen, ihre Schwester und ihren Bruder, mit denen sie aufgewachsen war, verlassen. Jetzt, wo sie von der Liebe zur Frau gemacht worden war und sich zum ersten Mal auf der Reise den Luxus gestattete, schwach zu sein, musste sie feststellen, dass sie zitterte, dass sie in einem Meer, das nicht das ihre war, und auf einem Schiff, das nicht das ihre war, Schiffbruch erlitten hatte.

Und vor allem weinte sie allein.

Die Griechen lehren uns, dass die Präposition, die man verwendet, um zum Ausdruck zu bringen, dass man sich um eine geliebte Person kümmert, überhaupt nicht *con* ist, das unter anderem auch in *compagnia* (Gesellschaft) steckt. Man kann allein oder inmitten von vielen sein, doch kein Gefühl ist schmerzhafter und grausamer, als sich neben einem anderen allein zu fühlen.

Da sein.

An jemandes Seite zu sein, der leidet, ist keine Frage der Geografie, der körperlichen An- oder Abwesenheit, der Nähe oder Ferne, sondern des gemeinsamen Fühlens. Auf Altgriechisch bezeichnete man es als ἐμπάθεια *(empàtheia),* Empathie. Empathie, zusammengesetzt aus ἐν *(en)* in, und πάθος *(pàthos),* Leiden.

Die Präposition der Liebe ist *in,* eine Ortsbestimmung, sie bezeichnet eine nicht körperliche, sondern gefühlsmäßige Anwesenheit.

In ein- und demselben Schmerz zu sein, genauso *wie in demselben Glück.*

Jenseits von Bewertungen, Vorwürfen, persönlichen Urteilen – Gefühlen, die vielmehr zur συμπάθεια (Sympathie = *sympatheia*) gehören; man leidet zwar mit jemandem mit, ist jedoch nicht im Schmerz vereint. Oder dem Gegenteil, der Antipathie.

Im griechischen Theater fühlte sich der Autor aufgrund der Empathie mit seinem Publikum verbunden. Eine Tragödie oder eine

Komödie galten nur dann als hervorragend, wenn der Autor und der Zuschauer am Weinen und am Lachen teilhatten, wenn sie Verbündete auf Augenhöhe und nicht Zuschauer von oben herab waren.

Der Kunsthistoriker und Ästhetiker Robert Vischer untersuchte im 19. Jahrhundert den Begriff der Empathie, dem das deutsche *Einfühlung* entspricht. In seinem Werk setzte er die Fähigkeit, sich in die unbekannten Emotionen der anderen einfühlen zu können, in Zusammenhang mit einem anderen wunderschönen griechischen Wort: der einzigartigen menschlichen Vorstellungskraft, der φαντασία (Fantasie = *phantasìa*). Denn genau das erfordert die seltene Kunst der Empathie: den Schmerz des anderen fühlen zu können, ohne ihn am eigenen Leib erfahren zu haben. Oder ihn so zu erleiden, als wäre er der eigene, sich – in der Fantasie – vorstellen zu können, dass es der eigene Schmerz ist.

Bequem, allzu bequem ist es, jemanden zu umarmen, der aus einem Grund leidet, den wir nicht kennen, und sich insgeheim darüber zu freuen, dass wir ihn nicht kennen, zu sagen: *Zum Glück ist mir das nicht passiert.* Wir sind zwar mit dem Körper, aber nicht mit der Seele anwesend.

Mutig, weil schmerzhaft, ist es vielmehr, jemanden auf seinem Weg durch den Schmerz zu begleiten, uns bei einem Schmerz, der nicht der unsere ist, den wir jedoch in unserer Fantasie zu unserem machen, von Zuschauern in Reisegefährten zu verwandeln und zu denken: *Ich leide so, als ob es mir passiert wäre.* Dazu braucht man Fantasie im griechischen Sinne des Wortes: nicht, um die Zukunft zu planen, sondern um an der Gegenwart eines anderen teilzuhaben.

Die Argonauten beweinten allein, getrennt voneinander, ihr Scheitern. Doch es war, als ob ein jeder über den Schmerz des anderen weinte.

Nur Medea *liebte eine neue Liebe*, wie Apollinaire gesagt hätte, weinte allein vor neuem Schmerz.

> *Und dort wären wohl alle die besten der Helden unbetrauert und für die Kenntnis der Erdenbewohner spurlos aus dem Leben geschieden, bei unvollendeter Aufgabe. Doch es erbarmten sich ihrer, als sie in Hilflosigkeit dahinschwanden, die schützenden Heroinen Libyens, die einst Athene, zu der Zeit, als sie strahlend aus dem Haupt ihres Vaters entsprungen war, gegenübertraten und sie an den Wassern des Triton badeten.*

Inzwischen war es Mittag, und die sengenden Strahlen der Sonne brachten die Erde zum Glühen. Jason weinte noch insgeheim in seinen Umhang, doch da traten die Heldinnen der Wüste – Mädchen, die Ziegenfelle trugen, die sie vom Hals bis zu den nackten Hüften bedeckten – zu ihm heran.

Nur Jason konnte sie sehen, und der Held wusste nicht, ob er aufgrund des Durstes halluzinierte oder ob die Heldinnen tatsächlich in sein Ohr flüsterten und seine Angst mit freundlichen Worten linderten.

> *Unseliger, was bist du nur von Hilflosigkeit so sehr betroffen? […] Wir wissen alles über eure Mühen, in wie vielen übergewaltigen Werken zu Land und in wie vielen zu Wasser ihr euch abgemüht habt, umhergetrieben auf dem Meer.*

Sie, die wunderschönen, stolzen Frauen, empfanden Empathie für Jason, schlüpften in seine Haut. Und sie unterstützen Jason mit einem wertvollen Rat, der sowohl Fantasie als auch Empathie erforderte, um verstanden zu werden. Bevor sie sich in Luft auflösten, sagten sie zu ihm:

> *Doch auf, sei nicht mehr verzagt in solcher Trübsal!*
> *Lass auch deine Gefährten aufstehen! Und sogleich wenn*
> *dir Amphitrite den gutberäderten Wagen des Poseidon*
> *losgemacht hat, dann also stattet eurer Mutter Dank ab*
> *für das, womit sie sich so lange abgemüht hat, als sie euch*
> *im Bauch trug! Und so könntet ihr doch noch in das*
> *hochheilige Achaiische Land heimkehren.*

Jason war zunächst sprachlos und wusste nicht, was er mit dem Rat anfangen sollte. Schmutzig von Sand und Tränen kam er bald darauf zu neuen Kräften, obwohl er geglaubt hatte, sie verloren zu haben.

Apollonios schreibt, er habe laut geschrien, *wie ein Löwe, der seiner Jagdgenossin im Wald nachläuft und dabei brüllt*. Und bevor er die Argonauten um sich scharte, um sie zu bitten, das Vorzeichen zu deuten und endlich nach Hause zu fahren, lief er zu Medea und umarmte sie.

Wie oft bräuchten wir im Falle eines Schiffsbruchs jemanden, der wie die schönen Heldinnen Libyens auf uns zukommt: „αἱ δὲ σχεδὸν Αἰσονίδαο / ἔσταν, ἕλον δ᾽ ἀπὸ χερσὶ καρήατος ἠρέμα πέπλον" *(Die aber traten nahe an den Aisoniden heran und nahmen ruhig mit ihren Händen das Gewand von seinem Kopf).*

Kein Wort ist nötig, es wird auch keines gewünscht. Wir brauchen nur ein menschliches Wesen, das vorsichtig auf uns zukommt und die schwierige Kunst beherrscht, mit dem Schmerz umzugehen. Jemanden, der den Schmerz an unserer Stelle in die Hand nimmt, ihn von allen Seiten betrachtet und wägt, als wäre er ein Stein, den man eine Zeit lang vor ihn auf den Tisch gelegt hätte. Jemand, der ihn schweigend auseinandernimmt, einen Alchemisten der menschlichen Seele, und an unserer Stelle wieder zusammenfügt, alle Teile, in die wir zersprungen sind, an ihren

Platz rückt und uns den Schmerz dann wortlos zurückgibt, einfach, indem er uns zur Seite steht.

In der antiken Sprache des Meeres, die fast ausschließlich von den Griechen gesprochen wurde, ist jedes Schiff eine Frau. Auch heute gibt es fast kein Schiff, das nicht den Namen einer geliebten oder gehassten Frau trägt, der man treu bleibt oder untreu wird, indem man übers Meer fährt.

Früher einmal war das Gesicht dieser Frau auf dem Schiff eingraviert, mit großem handwerklichen Geschick eingekerbt. Auch beim ersten Schiff der Welt war es so. Die Argo war weiblich und unter ihrem Bug, auf dem Kiel war das Gesicht Athenes eingraviert, der Göttin, die die Fahrt der Argonauten seit dem Auslaufen beschützt hatte und der Jason seit jeher vor allem ein Gefühl entgegenbrachte: Dankbarkeit.

Athene, die Frau, die einzige und ausschließliche Beschützerin der wichtigsten, nach ihr benannten Stadt Griechenlands, Athen.

Wie ein Schiff, das von einem Sturm beschädigt wird, das in einem Sumpf steckenbleibt, von einem Felsen gestreift wird, kann auch der Körper der Männer und Frauen verletzt werden.

Das Schiff fährt kompakt und sicher weiter, doch die Narbe bleibt, wenn auch unsichtbar, dem Blick verborgen, weil unterhalb des Meeresspiegels.

Genauso unsichtbar, in die Haut eingeritzt, ist das, was unsere Körper verzweifelt zu sagen versuchen. Nur ein Wort, es ist so schwierig, es runterzuschlucken.

Hilf mir.

Es verbirgt sich in den Knochen, die spitz wie Messer durch ein geblümtes Sommerkleid oder einen unförmigen Winterpullover ragen.

Es verbirgt sich in der Einbringung einer fremden Substanz – Tinte oder Metall – in die Haut, die nicht zu ihr gehört und sofort abgestoßen wird, deshalb brauchen Tattoos eine Zeit lang, bis die der Haut zugefügte Verletzung verheilt. Piercings brauchen Monate, bis sie ins Fleisch eingewachsen sind.

Nicht unser Äußeres spricht, sondern das, was wir daraus machen. Und vor allem sind wir es, die nie darüber sprechen, die lächelnd *Schon gut, ich bin nun mal so* sagen. Die Fotos, die uns zeigen, als wir noch nicht *so* waren, verschließen wir in einer Lade oder verbrennen sie.

Magersucht, exzessives Training, Entbehrung als Regel und Opfer als Belohnung. Wie sehr quälen wir unseren Körper, um ihn zu verändern, wie sehr brechen wir ihn, um ihn anders zu machen, als er ist, wie sorglos behandeln wir ihn, wie sehr vernachlässigen wir ihn, wenn unser Schiff zerschellt – lassen ihn im Klo einer Diskothek oder in der Notfall-Ambulanz liegen. Wie sehr benutzen wir ihn, um das zum Ausdruck zu bringen, was wir nicht sagen können – bis wir krank werden.

Anorexie ist die Verweigerung von Essen, also von Leben.

Das griechische ἀνορεξία *(anorexìa)* setzt sich aus dem Präfix *an-*, ohne, und órexis, Appetit, zusammen: Man ist entschlossen zu sterben, weil man keinen Hunger auf Leben mehr hat.

Nicht der Körper hat keinen Hunger, sondern die Seele.

Die Kleidergrößen, die immer kleiner werden, sind nur ein verzerrtes Spiegelbild, ein Alarmzeichen, das in unserer modernen Zeit, in der viele Menschen Ästhetik mit Gesundheit verwechseln, fast immer ignoriert wird. Viel zu viele sagen *Du bist in Topform* zu jemandem, der seine Form verloren hat, und sogar *Du siehst super aus* zu jemandem, der leidet.

Wenn der Körper spricht, schreit oder weint, dann immer, um Aufmerksamkeit zu bekommen.

In Form von Knochen, Fleisch und Kanten fordert er, dass jemand die Worte findet, um der Psyche zu helfen, um zunächst zu verstehen und dann den unbewussten Schmerz in sich zum Ausdruck zu bringen.

Allerdings begegnet der kranke Körper oft Menschen, die ihn gar nicht zur Kenntnis nehmen oder nicht darüber sprechen wollen.

Ich habe einmal ein Mädchen kennengelernt, das unter dieser psychischen Krankheit, der Anorexie, litt, die mittlerweile sogar schon im Kindesalter auftritt. Sie hat mir etwas erzählt, was mich zutiefst gerührt hat, sogar heute spüre ich noch Zuneigung und den Wunsch, mich um sie zu kümmern.

Der Wunsch, schön und schlank zu sein und Kleidergröße 34 zu tragen, habe nichts mit ihrer Krankheit zu tun, sagte sie. Vielmehr habe sie nach einem großen Schmerz, einem Trauerfall, keinen Appetit auf das Leben mehr. Sie verspüre nur eine riesige Einsamkeit zwischen sich und den anderen.

„Während ich so tat, als ob alles gut sei, während ich nicht über mich sprach und von einer Handvoll Reis pro Tag lebte, fühlte ich mich endlich stark, ich, die ich in den Augen der anderen so schwach war. Der Hunger ließ mich nie allein, er leistete mir Gesellschaft."

Knochen und Herz erkennen einander nicht bei dieser Krankheit, deren Ziel die Unterdrückung des eigenen Ichs ist. Die sich auf vielerlei Arten manifestiert, nicht nur bei Tisch: Das deutlichste Symptom ist die Gleichgültigkeit für die Person, die man wirklich ist, sie mündet letztendlich in tödliche Verachtung.

Um die Knochen und das Herz wieder zusammenzufügen, sind Worte nötig. Worte, die der, der leidet, nicht sagen kann, weil ihn das Leiden stumm gemacht hat.

Liebe ist die Nahrung, die ein Anorektiker braucht, damit er wieder Appetit auf die Welt bekommt. Das ist das Fleisch, aus dem wir gemacht sind.

Ich habe des Öfteren versucht, in der Öffentlichkeit über Anorexie zu sprechen. Immer hat man mir zur Antwort gegeben: Nein, das ist gefährlich, es schmerzt zu sehr, es schreckt die Menschen ab, es sei ein „hässliches Thema", oder andersherum, *Dazu gibt es nichts zu sagen.*

Ich glaube, alle hatten unrecht.

In diesem Absatz habe ich es mehr schlecht als recht versucht, denn dieses Mädchen war einmal ich.

Und jetzt beim Schreiben ist mir ein Tippfehler, ein Lapsus passiert: Ich habe nicht Anorexie, sondern *Amorexie* geschrieben, mit *m* wie *amore,* Liebe.

Die libyschen Göttinnen erschienen Jason *wie* im Traum.

Die in der *Fahrt der Argonauten* beschriebene Szene entspricht dem homerischen Topos der Hilfe, die über die Empathie zu den Menschen gelangt.

Typische Elemente sind: Die Vision kommt auf den Helden zu (sie steht ihm nicht gegenüber, sondern ist ihm nahe), sie fordert ihn herzlich und wortreich auf, Mut zu haben, und löst sich sofort in Luft auf. Und der Protagonist rafft sich augenblicklich, nicht aus dem Schlaf, sondern aus der Angst auf, läuft zu seinen Freunden und berichtet, was er gehört hat.

Die griechische Traumvision ist gewissermaßen die Deutung aller unser Träume, an die wir uns am Morgen nicht mehr erinnern.

Ich hatte oft einen ähnlichen Traum, einen Wachtraum. Und zwar immer, wenn ich in Mailand war und mich grundlos in den Kreuzgang der Universität begab, wo ich studiert und promoviert hatte. Säulen, Arkaden und Höfe, die viele Dinge und viele Menschen gesehen haben, seit sie Mitte des 15. Jahrhunderts dank Francesco Sforza gebaut worden waren, der der Stadt ein großes Hospital im Zentrum schenken wollte.

Wenn ich hier schweigend umherlief und mich unter die Studenten mischte, befragte ich die alten Mauern nach Nachrichten aus meiner Vergangenheit, ich war mir sicher, sie hatten mich im Augenblick des Schiffbruchs gesehen, als ich mir die Haare rabenschwarz färbte, um mich so weit wie möglich von der Andrea, die ich war – die ich bin und immer sein werde – zu distanzieren. Ich erinnere mich nur noch wenig an diese Zeit, in der ich mich verleugnete, hin und wieder taucht ein Foto auf, meine Studienkollegen sind alle verschwunden.

Die Klöster sind noch immer dieselben, sie liegen seit fast fünfhundert Jahren im Licht der Mailänder Sonne, das hier keck eindringt, auch wenn der Himmel grau ist. Ich hatte mich verändert, war endlich geheilt. Ich träumte davon, sprechen zu können, vorsichtig auf jenes spindeldürre und verschlossene Mädchen zutreten zu können, das Tag für Tag über die Schwelle des altphilologischen Seminars trat.

Ich habe meinen homerischen Traum nicht zwischen diesen Mauern in Mailand realisiert, die viel über mich wissen, sondern indem ich Mädchen umarmte, über die ich wenig oder gar nichts wusste, denen ich in Schulen in unbekannten italienischen Städten begegnete.

Mädchen, die heute das Mädchen sind, das ich war.

Zu ihnen habe ich endlich sagen können: *„Ich bin bei dir, alles wird gut."*

Die Argonauten berieten sich, sie hatten keine Ahnung, wie sie den Rat der libyschen Heroinnen deuten sollten. Wer war die Mutter, der sie mitten in einem Schiffbruch herzerfreuenden Dank abstatten sollten?

Da geschah vor ihren Augen das größte Wunderzeichen: Ein weißes Pferd mit goldener Mähne sprengte über den Sand und erhob sich auf seine ungeheuren Hinterbeine. Und mit einem Wiehern verfiel es in Galopp und lief schnell wie der Wind davon.

Wie immer war es Peleus, der den Rat der Heldinnen verstand, die das schönste Pferd der Wüste geschickt hatten, um die Zweifel der Argonauten zu zerstreuen.

> *Und ich sehe voraus, dass die Mutter keine andere ist als eben das Schiff selbst. Ja, wirklich! Sie, die uns immer im Bauch hat, plagt sich in beschwerlichen Mühen. Aber nachdem wir sie mit unerschütterlicher Kraft und unverwüstlichen Schultern in die Höhe gehoben haben, werden wir sie in das sandige Land tragen, wohin das fußschnelle Pferd vorausgelaufen ist.*

Und alle Argonauten sprangen vor Freude auf, sie stimmten überein, dass sie sich nur aus ihrer misslichen Lage befreien konnten, wenn sie sich der Argo gegenüber als dankbar erwiesen.

Πάθει μάθος *(Pàthei màthos):* Lernen durch Leiden.

Aischylos fasste die griechische Tugend, auf der der Heroismus der Männer beruht, in seiner Tragödie *Agamemnon* mit diesen beiden, unsterblich gewordenen Worten zusammen. Nur in der Mühsal, im Leiden erkennt der Mensch sich selbst und seine Möglichkeiten.

Möglichkeiten, die dem griechischen Denken zufolge die Existenz einer perfekten und unveränderlichen Ordnung widerspiegeln, die die Welt aufrecht halten, in der jeder Mann und jede Frau sich beweisen müssen, um nicht Verrat an sich zu begehen, um völlig sie selbst – und glücklich – zu sein. Glücklich, weil Herr über sich selbst, glücklich, weil man sich selbst im Schmerz erkannt hat.

Fünf Jahrhunderte später schrieb Vergil in seiner *Aeneis* (Sechstes Buch, Verse 126–129):

> *Facilis descensus Averno:*
> *noctes atque dies patet atri ianua Ditis;*
> *sed revocare gradum superasque evadere ad auras,*
> *hoc opus, hic labor est.**

Wie oft fühlten auch wir uns trotz aller Schwierigkeiten nach einem Schiffbruch reicher und nicht ärmer? Stärker und nicht schwächer? Glücklicher, weil der Sturm vorbei ist und wir entdecken, wer wir wirklich sind, weil wir so mutig waren, unser Schiff nicht zu verlassen.

In diesem Augenblick ist Apollonios von Rhodos sprachlos, er ist überwältigt von dem Mut, der Jason und seinen Gefährten von der Liebe verliehen wurde.
Überwältigt gibt der Dichter genau das wieder, was er von den Musen gehört hat, damit sich die Menschen aller Zeiten an die Helden erinnerten.

> *Dies ist das Wort der Musen, und ich singe, den Pieriden gehorsam.*** *Und ich habe diese Kunde ganz genau so vernommen: O ihr doch, die bei Weitem allerbesten Herrschersöhne, ihr habt das Schiff und das, was ihr im Schiff mit euch führtet, auf eure Schultern genommen und es mit eurer Kraft, mit eurer Tüchtigkeit hoch in die Luft ragend gleichmäßig über zwölf ganze Tage und Nächte hin durch die öden Dünen Libyens getragen.*

---

* Leicht steigst du hinab zum Avernus; / Tag und Nacht steht offen das Tor zum finsteren Pluto. / Aber den Schritt zurück zu den himmlischen Lüften zu wenden, / Das ist die schwierigste Kunst.
** In der griechischen Mythologie waren die Pieriden oder Emathides die neun Schwestern, die sich in einem Gesangswettbewerb den Musen widersetzten und, nachdem sie besiegt worden waren, in Vögel verwandelt wurden. Die Musen selbst werden manchmal so genannt.

Wenn man fällt, besteht der wahre Sieg darin, wieder zum Himmel emporzusteigen.

Wenn man Schiffbruch erleidet, besteht das Heil darin, wieder zur See zu fahren.

Die Argonauten trugen ihr Schiff unter Mühen, Schweiß und Tränen durch die Wüste.

Erst im Morgengrauen des dreizehnten Tages *setzten sie es von ihren wuchtigen Schultern ab.*

Ein neuer Hafen

> Wir haben diesen Ratgeber nicht geschrieben, um Ihnen die Prinzipien der Seefahrt beizubringen, ganz im Gegenteil. Wir haben Ihnen Geschichten und wahre Begebenheiten erzählt, um Ihnen zu helfen, Ihr Ziel zu erreichen.
> Wenn Land in Sicht ist, fordert die Ungeduld oft Menschenleben. Wenn die Wellen zu hoch sind, schwimmen Sie nicht durch die Brandung. […] Wenn Sie das Ufer erreichen, suchen Sie die Stelle, wo die Brecher weniger hoch sind, und dann rudern Sie mit voller Kraft. Je weiter Sie zum Strand vordringen, desto geringer ist das Risiko zu kentern.

In der Morgenröte liefen sie mit vollen Segeln im Zephyros dahin und ließen das öde Land für immer hinter sich.

Und sie freuten sich über das Blasen des Südwestwindes, den sie gut kannten: das war der Wind Griechenlands. Der heimische Wind.

Indem sie von Südwesten nach Nordosten fuhren, entdeckten sie die felsige Insel Karpathos, ein Zeichen, dass Kreta, *das oberhalb der anderen Inseln in der Salzflut lag,* nahe war.

Aber als der Abendstern aufging, versiegte der Wind und sie mussten die Segel streichen.

Drei Tage lang fuhren sie nur mit der Kraft ihrer Arme und angetrieben von dem Wunsch, in die Heimat zurückzukehren, dahin.

Von der Ungeduld noch mehr erschöpft als von der Mühe, wollten sie in Kreta an Land gehen, doch da riss der eherne Talos, der Bronzeriese, der die Insel beschützte, von der wuchtigen Klippe Felsen los und schleuderte sie auf sie.

Talos, Hesiod zufolge der letzte des Ehernen Geschlechts, schritt dreimal am Tag die Insel mit schnellen Schritten ab. Mit Ausnahme einer Blutader am Knöchel bestand sein Körper aus unverletzbarem Metall. Sie machte ihn lebendig und bedingte zugleich seinen Tod.

Die erschöpften Helden stießen voller Furcht das Schiff vom festen Land schnell mit den Rudern zurück und wären am liebsten geflohen, obwohl sie damit Durst und Erschöpfung in Kauf genommen hätten, wenn Medea nicht folgende Worte gesprochen hätte:

> *Hört mich! Denn ich glaube, ich allein werde euch diesen Mann überwältigen, wer auch immer der dort ist, auch wenn sein Leib ganz aus Erz ist, wenn ihm nur nicht unerschöpfliches Leben innewohnt.*

Die Argonauten schwiegen ungläubig, sie fragten sich, wie diese zarte Frau einen Riesen töten wollte. Doch sie hielt sich den Faltenwurf ihres purpurnen Gewandes vor die Wangen und stieg so auf das Verdeck, stolz wie eine Statue. Jason hielt ihre Hand.

Und dann besänftigte sie mit Zauberformeln die Geister, die die Seelen im Meer um Kreta verschlangen. Und sie bezwang mit ihren Blicken den ehernen Talos. Ihre hellen Augen schleuderten zugleich Zorn und Liebe, Wut und Schmerz.

Jahrhunderte später beschrieb Horaz in seiner *Ars poetica* Medea als *ferox invictaque*, als wild und unbezähmbar.

Talos konnte der Kraft von Medeas Blick nicht standhalten. Während er einen schweren Felsbrocken hochstemmte, um ihn auf sie zu schleudern, streifte er wie ein Riese, der zu einem tollpatschigen Kind geworden ist, mit seinem verwundbaren Knöchel einen spitzen Felsen. Er schnitt sich genau an der verletzlichen Stelle, und aus der Ader floss Blut wie geschmolzenes Blei.

Und nicht mehr lange stand er, der auf eine vorspringende Klippe gestiegen war, sondern wie eine ungeheure Kiefer hoch in den Bergen, die die Holzfäller mit ihren scharfen Äxten noch halbgeschlagen zurückgelassen haben und aus dem Gehölz fortgegangen sind – die aber wird in der Nacht zuerst durch Windstöße erschüttert, später wiederum wird sie von Grund aus entwurzelt und stürzt zu Boden.

So konnten die Argonauten dank Medeas Zauber in dieser Nacht in Kreta an Land gehen.

Der Zeitbegriff der antiken Griechen ist der Grund, warum ich mich als junges Mädchen in dieses Volk und seine Sprache verliebt habe. Und aus diesem Grund werde ich das Griechische immer lieben, es befragen, es um Antworten bitten, die ich sonst allein finden müsste.

Wie alle: Angesichts des antiken Denkens können wir uns zum Glück auf Bücher, Gedanken, Forschungen und große Entdeckungen berufen, die Wissenschaftler vor uns gemacht haben. Doch nicht mit dem Griechischen werden wir immer allein sein, sondern mit dem gewaltigen Ich, das uns nur die Antiken bieten – Abgrund und Flug zugleich.

Ich versuche zu verstehen, was ich nicht verstehen kann, froh, mich wenigstens ein kleines Stück der Weltanschauung der Griechen zu nähern, die untrennbar mit ihrem Zeitbegriff verbunden ist.

Meine unsicheren Schritte werden fast immer von der Fantasie und dem Wunder der Intuition und nicht von Logik getragen. Die noch immer sehr lebendigen Stimmen der griechischen Autoren weisen mir den Weg.

Die Überzeugung der Griechen, dass das Leben keine Abfolge chronologisch angeordneter Ereignisse ist – *heute, gestern, morgen, davor, jetzt, später* –, sondern eine Abfolge dessen ist, was die Dinge in uns bewirken, hat mein Denken für immer verändert.

Beziehungsweise *mein Denken über mich.*

In Bezug auf Ereignisse und Termine komme ich pünktlich oder zu spät, ich habe einen Kalender und weiß, was ich morgen machen und wohin ich gehen werde. Was die Vergangenheit anbelangt, bin ich schlampig, ich erinnere mich und vergesse wieder; um die Zukunft kümmere ich mich wenig, und wenn, dann soll die Zukunft eine Überraschung, ein Fest sein.

Ich lebe mein Leben in der Gegenwart. Doch ich lebe auch außerhalb der Zeit – beziehungsweise in einer *griechischen* Zeit.

Ich versuche zu ergründen, welche heftigen Auswirkungen die Vergangenheit auf mein heutiges Leben hat. Erinnerungen dagegen verwirren nur, täuschen, entfernen mich bloß von der Wirklichkeit meines vergangenen und heutigen Ichs.

Ich weiß, wenn ich nicht so viel geweint hätte, würde ich heute nicht auf diese Weise lächeln, und wenn ich nicht jahrelang aufgehört hätte, mit der Hand zu schreiben, hätte ich nicht mehr die Schrift einer ewigen Halbwüchsigen. Ich weiß, ich werde weiter in der Welt herumirren, da ich meine Wurzeln verloren habe, ich werde Wurzeln in den Menschen schlagen, denen ich zufällig begegne und die ich – wenn ich Talent dazu habe – lieben werde.

Wir sind alle aus dem *Perfekt* gemacht und gleichzeitig sind wir jeden Tag vom Morgen bis zum Abend *Präsens*.

Alles, was wir sind, ist das Ergebnis dessen, was vor dem Jetzt passiert ist, dessen, was wir vielleicht sogar vergessen haben, was jedoch immer wieder an die Oberfläche drängt. Grelles Licht, das von innen und nicht von außen kommt und sich in unverdächtigen und unerklärlichen Gesten widerspiegelt, die deshalb so kostbar sind, weil sie uns einzigartig, unverwechselbar und unersetzlich machen: die Art, wie wir beim Sprechen die Hände bewegen, unsere Schritte, unsere Art beim Liebemachen.

Unser Sein ist eine sich Tag für Tag, mit jedem Atemzug erneuernde Folge dessen, was sich schon zugetragen hat.

Wir sind immer anders, doch der Grund unserer Art zu leben bleibt immer gleich, nur wir kennen ihn und können ihn den anderen fast nicht mitteilen, denn sie würden ihn nicht verstehen.

Es kostet uns schon so große Mühe, uns selbst zu verstehen, die Zeit verläuft zwischen Gegenwart und Vergangenheit, verwirrt uns, und gleichzeitig ist sie so konkret, dass man sie sehen, sogar berühren kann.

Und wenn man wirklich Mut hat, muss man die Zeit auf den Tisch legen und sie direkt fragen: *Sag mir, wer bin ich geworden, weil du, Zeit, vergangen bist?* Für die menschlichen Wesen bestehen Heldentum und der größte Schmerz im Akzeptieren der Antwort.

Wer Erinnerungen ansammelt, sammelt Vergangenheit an, er ist ein Archivar, ein Buchhalter.

Wer das griechische Perfekt, die Vergangenheit, schützt und den Mut hat, die Gegenwart zu leben, sammelt Bewusstsein. Er ist ein Wächter seiner selbst.

Die Gegenwart, die wir heute, jetzt, leben, kommt aus der Vergangenheit, der Synthese und dem Periodensystem dessen, was wir waren.

Dem griechischen Denken zufolge liegt die Zukunft demnach hinter uns, weil sie aus der Vergangenheit entsteht.

Die Zukunft bewegt sich Richtung Westen, sie ist immer Sonnenuntergang, nie Morgenröte.

Der Horizont, den wir vom Heck unseres Schiffes aus sehen, ist das, was gewesen ist, die Gischtspur, die wir zurücklassen. Vom Bug aus sehen wir das, was sein wird.

Wie oft glauben wir fälschlicherweise das Gegenteil.

Die Zukunft kann man weder leben noch kennen, nie.

Man kann sie fürchten oder herbeisehnen, man kann vor ihr davonlaufen oder auf sie zulaufen, doch all das passiert nur aufgrund von – falschen oder irrtümlichen – Vorahnungen, auf Annahmen, die auf der Erfahrung unserer Vergangenheit gründen.

Sogar die Meinungsumfragen, auf die man heute so gern zurückgreift, weil man Angst vor allem hat, beruhen auf diesem Prinzip: einer rein mathematischen und nicht menschlichen Statistik, der Analyse vorangegangener Verhaltensweisen und Absichtserklärungen, die oft nicht verwirklicht werden.

Ohne Vergangenheit kann man sich die Zukunft nicht einmal vorstellen, denn wir kennen nichts anderes.

Je mehr wir leben, je mehr wir lieben, je mehr wir ausprobieren, je mehr wir leiden, desto mehr Vergangenheit häuft sich vor uns an, so weit das Auge reicht, wie ein Ozean, der dazu bestimmt ist, Hafen zu werden.

Hier, hinter dem Rücken eines Heute, das bald Gestern sein wird, kommt die nicht minder riesige Zukunft hervor.

Jetzt ergreift Apollonios bestürzt das Wort.

Zum ersten Mal in *Die Fahrt der Argonauten,* kurz vor dem Ende, weist der Dichter auf Medeas schreckliche Kräfte hin, die der rote Faden in einem überaus verstörenden Mythos der Menschheitsgeschichte sind.

Zeus, Vater! Wahrhaftig doch, großes Staunen durchweht meine Sinne, wenn nun das Verderben nicht nur in Krankheiten und Wunden begegnet, sondern auch jemand von fernher uns zürnt, wie dieser, obwohl aus Erz bestehend, wich und somit durch die Gewalt der an Zauberkräutern reichen Medeia überwältigt wurde.

Eines Tages wird Jason eine Tragödie erleben, doch an dieser Stelle, wo die beiden jungen Menschen sich auf einer Fahrt befinden, sind wir die Einzigen, die dank der Literatur die Tragödie kennen, denn wir kennen Euripides' Meisterwerk und die Werke all derer, die nach ihm gekommen sind.

Danach.

Nicht jetzt.

Vielleicht wird sich Jason an diesem schrecklichen Tag an den Augenblick erinnern, als Medeas wahre Natur zum ersten Mal zutage trat, oder vielleicht wird er es vergessen haben.

Wer weiß. Jason ist gewiss der Auslöser, Komplize dieser Tragödie, und auch Komplize der verräterischen Frau.

Aber alles das ist nicht wichtig.

Nicht jetzt, nicht für uns.

Die Zukunft, die sich Jason nicht einmal vorstellen kann, hat keine Auswirkung auf ihn, sie ist hinter ihm, er kann sie nicht sehen. Und sie hat auch auf die Argonauten keine Auswirkung, die Medea unglaublich dankbar sind, dass sie endlich nach Griechenland zurückgekehrt sind, und keine weitere Frage stellen.

Jason und Medea sind im Augenblick nur zwei Liebende, die schnell nach Hause zurückwollen, um ihre Liebe leben zu können. Wie wir alle, wenn es am Abend dunkel wird.

Deshalb verlieren alle, die ständig der Vergangenheit oder der Zukunft zugewandt sind, immer wieder einen Tag der Gegenwart.

Und sie verlieren gewiss sich selbst, weil sie immer zeitversetzt, mit einem Riesen-Jetlag leben. Wir vernachlässigen die Gegenwart, die einzige Zeit, in der wir über unser Leben bestimmen können, und vor allem die einzige Zeit, in der wir glücklich sein können.

Es macht Angst herauszufinden, wer wir am Ende unserer inneren Reise geworden sind.

Große, sehr große Angst.

Menschliche Angst.

Wie viele verlorene Gewissheiten, wie viele entblößte Schwächen, wie viele wiedergefundene Kräfte!

Vor allem, wie viel Chaos müssen wir entziffern, wie viele Tränen müssen wir weinen und wie oft müssen wir lächeln.

Kaum hatten die Argonauten die Insel Kreta verlassen und befanden sich auf einem sicheren Kurs in den Hafen von Iolkos, Pagase, empfanden sie aufs Neue Angst und Schrecken.

> *Aber sogleich, als sie über die große Kretische Meerestiefe liefen, setzte sie eine Nacht in Schrecken, eben welche man die Nacht des Verderbens nennt. Diese Verderben bringende Nacht durchdrangen nicht die Sterne, nicht die Strahlen des Mondes, sondern es brach vom Himmel her eine schwarze Leere oder eine andere Dunkelheit herein, die aus den tiefsten Abgründen emporsteigt.*

Wie die Nacht, die plötzlich über die Argo hereinbrach, werden auch die Worte des Dichters dunkel. Das Wetterphänomen, über das er schreibt, ist rätselhaft, *eine Art Nebel* senkt sich auf das Schiff, es ist nicht eindeutig, ob er aus den Tiefen der Erde herauf oder vom Himmel herabsteigt.

Die Helden wussten nicht mehr, ob sie auf dem Wasser oder dem Hades fuhren. Sie trieben blind dahin, ohnmächtig und erschrocken überließen sie das Schiff der Strömung, zu Boden geworfen, klein. Und überließen sich dem Weinen.

Als Χάος (Chaos = *chàos*) bezeichnet Apollonios diese absolute Dunkelheit, die wissenschaftlich nicht zu erklären, aber menschlich verständlich ist. Genau dieses Durcheinander, diesen Mischmasch aus Freude und Angst empfinden wir am Ende jeder Reise, nach unzähligen Abenteuern und Mühen müssen wir das Knäuel an Gefühlen, die wir bei der Ankunft in jedem neuen Hafen empfinden, jedoch entwirren.

Wir dürfen den Faden, der uns mit unseren Gefühlen verbindet, niemals durchschneiden, vor allem wenn sie wunderbar sind, wenn sie so außergewöhnlich sind, dass sie uns verwirren.

Wir wissen, was passiert, wenn die Parzen aufhören, geduldig den Lebensfaden zu spinnen, und ihn durchtrennen: wir sterben. Wer keine Gefühle mehr hat und den griechischen Imperativ des Glücks verweigert, stirbt jeden Tag, obwohl er lebt.

Im Leben habe ich mehrmals gelernt, dass es hin und wieder schön ist, Angst zu haben. Und vor allem gesund. Ich bedauere immer, wenn jemand *Ich wundere mich über nichts mehr* sagt. Die Angst drängt uns, über alles noch einmal nachzudenken, die Karten neu zu mischen, uns neu zu erfinden.

Wir alle empfinden Angst, wenn es uns gelingt, unsere Träume real und gegenwärtig zu machen. Dieses Herzklopfen verspüren wir bei der Ankunft, wenn zum Beispiel ein Flugzeug landet und ein unbekannter Kontinent auf uns wartet, oder wenn wir nach langer Zeit unseren Vater umarmen. Es ist die Überraschung, es wirklich geschafft zu haben, allein, erwachsen geworden zu sein. Endlich *Es ist wirklich mir passiert* sagen zu können. Der Schauer, zu erkennen, dass wir uns selbst treu geblieben sind. Dass wir vielen *danke* sagen müssen, vor allem uns selbst.

Ein Wunder, bei dem unser Herz klopft.

Das ist der schwierigste Schritt.

Wenn unser Fuß nach der langen Seefahrt Festland berührt.

In den antiken Sprachen bedeutete *porto*, Hafen, nicht Ende, Ankunft, Ziel – und somit auch nicht Kapitulation, Erleichterung, Pause.

Auf Latein bedeutet *portus* vielmehr Schwelle, Übergang, Durchgang – portus weist die indoeuropäische Wurzel *per-/por* auf, aus der sich zum Beispiel auch Fjord und vor allem das italienische *portare* entwickelt haben, das durchlassen und vor allem in den Hafen bringen bedeutet.

Im Altgriechischen finden wir die Worte πορθμός *(porthmòs)*, eng, πορθμεία *(porthmeìa)*, Fähre, das Verb πορεύω *(porèuo)*, durchqueren, πόρος *(poros)*, Öffnung, Spalt, Bresche – wie die Poren unserer Haut, durch die die Mühen unserer Siege und unserer Niederlagen unsichtbar entweichen.

Das Auslaufen ist nicht der schwierige Teil der Reise. Der schwierige Teil besteht darin, bei uns selbst anzukommen, weil wir herausfinden müssen, was sich in dieser Bresche verbirgt, die das Meer auf immer in uns geschlagen hat und die wir von nun an weder schließen noch ignorieren können.

Jason wachte bald aus seiner Schockstarre auf und beruhigte das wild klopfende Herz. Nacht und Chaos waren nur in ihm, nirgendwo sonst. Der Himmel draußen spiegelte sich heiter im Meer wider.

Jason blickte zum Himmel auf und flehte die Götter an, ihm die Rückkehr zu ermöglichen.

Gleich lichtete sich der Nebel, die Sonne schien und die Argo konnte ihre Fahrt Richtung Heimat wieder aufnehmen. Und *wie im Flug [...] hielten sie auf die Küsten Aiginas zu.*

In der *Theogonie,* dem Epos, das die Entstehung der Welt und der Götter schildert, schrieb Hesiod: „Am Anfang war das Chaos."

Dann kamen Gaia, das Land, das sich vom Olymp bis zum Himmel aufbäumt, und Tartaros, die Tiefen, die bis zum Hades reichen.

Doch genau in dem Augenblick, in dem die Welt, gleich nach Himmel und Erde, entstand, wurde noch vor allen anderen Gottheiten Eros, die Liebe, geboren, *der Herr über das Herz aller Menschen und aller Götter, der weise Ratschläge gibt.*

Nur dank Eros hatte Jason sein Chaos überwunden: Jetzt war er bereit, in den Hafen von Iolkos einzulaufen, von wo er ein halbes Jahr zuvor aufgebrochen war. Er sah seine Vergangenheit als junger Mann vor sich, der keine Ahnung vom Meer und vom Leben gehabt hatte und die Liebe noch nicht kannte. Jeder möglichen Zukunft wandte er stolz den Rücken zu, denn neben ihm, in seiner Gegenwart, hielt Medea seine Hand in der ihren.

Ein Mann und eine Frau, die nach Hause fuhren, um ihr Leben aufzunehmen.

Der Mut aufzubrechen hatte sie zu Helden gemacht.

Die Liebe war ihr Ziel gewesen, die Liebe, die nie Ankunft oder Ziel, sondern immer nur Wendepunkt ist.

Ἔρως (Eros) ist gleich ἥρως (Heros) schrieb Platon, Liebe ist gleich Held. Also ἡρωικός *(heroikos)* wie ἐρωτικός *(erotikos).*

Heroisch wie erotisch.

Wie sich verlieben.

In unserer feigen Gegenwart, wo jeder Gefühlsaufruhr als eitel und sogar gefährlich gilt und alle sich in flüchtigen Gesten, nichtigen Aktionen und wertlosen Dingen vergeuden, fordern uns Medea und Jason auf, unseren Blick auf das Heldentum der Griechen zu lenken.

Ein Heldentum im menschlichen Maß, mit menschlichem Mut zur Liebe.

Ein Heldentum, das es nicht nur möglich, sondern zu einer Pflicht macht, glücklich – vielmehr ἀσπάσιος *(aspàsios)*, frohgemut – zu sein.

Das ist Heldentum.

> *Seid mir gnädig, ihr, das Geschlecht der seligen Besten; und mögen diese Gesänge den Menschen von Jahr zu Jahr süßer zu singen sein! Denn schon habe ich das ruhmreiche Ende eurer Mühen erreicht, da euch ja wohl keine Aufgabe von Neuem mehr bereitet wurde, als ihr von Aigina aus heimkehrte, und sich auch keine Wirbelwinde mehr erhoben; nachdem ihr vielmehr ruhig die Strecke am Kekropischen Land und an Aulis innerhalb Euboias vorbei und an den Opuntischen Städten der Lokrer durchmessen hattet, habt ihr frohgemut die Pagaseischen Küsten betreten.*

Möge der Gesang der Argonauten zweitausend Jahre, nachdem Apollonios von Rhodos seinen Wunsch geäußert hat, noch immer süß in unseren Ohren klingen.

In unseren Ohren, die wir so menschlich, so groß, so heldenhaft sind.

Epilog
Die Schiffe hinter uns verbrennen

Nach der Eroberung Griechenlands landete der makedonische Heerführer Alexander der Große 334 v. Chr. in Asien, bereit, die Perser herauszufordern. Diese hatten Athen geplündert und sogar die Akropolis in Brand gesteckt.

Nachdem er seine Garnison in Makedonien verlassen hatte, stach Alexander mit dreißigtausend Infanteristen und fünftausend Kavalleristen in See. Kaum hatte er den Hellespont überwunden, kam es am Ufer des Flusses Granikos, nicht weit von Troja entfernt, zur Schlacht gegen den Perserkönig Dareios III.

Alexander besaß herausragendes militärisches Talent, und obwohl sein Heer zahlenmäßig unterlegen war, gewann er die Schlacht. Er griff die persischen Schlachtreihen in der Mitte an, und als die Fußsoldaten sahen, wie sich ihre Reihen lichteten, liefen sie vor Angst davon.

Nach diesem Sieg rückte sein Heer nach Ionien vor, wo die hellenischen Völker ihm große Ehren erwiesen und ihn mit vielen Festen feierten.

Als er im November 333 v. Chr. nach Südanatolien, zu der in einem engen Golf liegenden Stadt Issos gelangte, stand ihm das ganze persische Heer kampfbereit gegenüber, fest entschlossen, ihn an der Weiterreise ins Land der Phönizier zu hindern.

Die makedonischen Truppen erstarrten vor Angst und ein düsteres Schweigen senkte sich auf sie herab. Sie waren sich sicher, dass dieser Kampf ihren Tod besiegelte, dass das Meer ihnen zum Grab werden würde. Die einzige Chance sahen sie in einem schnellen Rückzug.

Anstatt sich auf die Schlacht vorzubereiten, stellten sie weinend die Schiffe im Golf so auf, dass sie so schnell wie möglich flüchten konnten.

Einer Legende zufolge, die über Jahrhunderte mündlich überliefert wurde (und die vielleicht von einer realen Begebenheit inspiriert wurde, als der spanische Konquistador Hernán Cortés 1519 in Zentralamerika an Land ging), beobachtete Alexander die Szene aus der Ferne, ohne einen Befehl zu geben. Als die Schiffsmanöver beendet waren, erhob er sich, sammelte am Strand das ganze Holz und zündete den riesigen Scheiterhaufen an.

Unter den Blicken seiner Soldaten warf der Heerführer die Fackel auf die eigene Flotte, die im Nu verbrannte.

Alle waren sprachlos, niemand wusste, was er sagen oder tun sollte.

Da sprach der Heerführer: „Nein, wir werden uns nicht zurückziehen. Wir brauchen unsere Schiffe nicht mehr. Wir haben nur ein Schicksal: zu siegen und mit den Schiffen der Feinde heimzusegeln. So wird es sein."

Und tatsächlich siegte er.

Dareius III. wurde vom kriegerischen Geist der Makedonier überwältigt, ließ seinen Schild auf dem Schlachtfeld liegen – ein Zeichen der größten und schmerzvollsten Niederlage – und lief Hals über Kopf davon.

Feig ließ er seinen Bruder weiterkämpfen, der an seiner Stelle fiel.

Nachdem sie eine andere Flagge gehisst hatten, setzten die Soldaten Alexanders des Großen an Bord der persischen Schiffe ihre Reise in den unbekannten Osten fort.

Eine wunderschöne und überaus rührende Darstellung der Alexanderschlacht findet sich auf dem bei Ausgrabungen im *Haus des Fauns* in Pompeij zutage getretenen Mosaik, das sich heute im Nationalmuseum in Neapel befindet.

Auf über einer Million Mosaiksteinchen ist immer noch der glühende Blick Alexanders zu erkennen, der keinen Schritt zurückweicht, sondern auf seinem treuen Pferd Bukephalos stolz gegen die Feinde vorrückt.

Hinter ihm ist kein Schiff zu sehen.

Desiderare. Begehren, sich nach etwas sehnen. Vom lateinischen *desidero,* das aus *de-*, einer Präposition, die eine Trennung, also einen Verlust bezeichnet, und *sidera*, Sterne, besteht.

Wörtlich: ein Ding oder eine Person anstarren, das oder die einem nicht gehört, die man jedoch unbedingt haben möchte. Seit Jahrtausenden betrachten wir nachts die Hieroglyphen der Sterne, auf der Suche nach etwas, das größer ist als wir.

Die Argonauten lehren uns, dass die Sehnsucht auf Reisen eine unsichtbare, jedoch unbesiegbare Waffe ist. Wer begehren kann, erhebt sich zu den Sternen, richtet den Blick immer auf den unendlichen Himmel und nicht auf die Spitzen seiner kleinen Schuhe.

Nur wer begehrt, kann auch reisen.

Die Möglichkeit, einen Hafen zu erreichen, verhält sich direkt proportional zu der Kraft, sich diese Ankunft auch zu wünschen. Und zur Intensität, mit der man das Fehlen eines Hafens verspürt, zur Sehnsucht, dem leidenschaftlichen Bedürfnis, ans Ziel zu gelangen und dafür jedes Hindernis auf der Reise zu überwinden.

Wer die Schwelle überwinden will, um bei sich selbst anzukommen, muss fest entschlossen sein, die Brücken hinter sich abzureißen, so wie Alexander der Große die Schiffe verbrannte. Sein Heer war viel kleiner als das des Feindes, doch sein Begehren war viel größer, das war seine Stärke.

Jedes innere Wachstum erfordert, dass wir die Brücken hinter uns abreißen: Damit sind allerdings nicht die Menschen gemeint, mit denen wir bisher zusammen waren und die wir geliebt haben, sondern unsere Unsicherheiten, unsere Ressentiments, unsere unzähligen Ausreden, die alle plausibel und trotzdem so überflüssig sind.

Eine Reise ist nur dann eine Reise, wenn sie keine Feigheit und keinen Rückzug zulässt, sonst ist sie ein Ausflug mit zu Boden geschlagenem Blick und keine Reise ins Unbekannte, das wir – wie die Sterne – immer sind. Und eine Entscheidung ist nur dann eine Entscheidung, wenn sie uns keine Hintertür offenlässt und kein Sicherheitsnetz bietet.

Gewiss ist es auf dem Meer wie im Leben einfacher, wenn wir einen Plan B – oder C oder in vielen Fällen sogar D, wenn nicht gar Z – haben. Doch dann besteht die Gefahr, dass wir der Versuchung nachgeben, bei der ersten Schwierigkeit klein beizugeben, und die Kapitulation wird einfach sein. Den anderen, auch jenen, die aufrichtig an uns geglaubt haben, können wir sagen *Es ist nun mal so gelaufen* oder *Eigentlich war es mir ohnehin nicht so wichtig.*

Doch uns selbst können wir nicht belügen. Es war nun mal schwierig und wir haben uns eine Sache nicht ausreichend gewünscht.

Feig haben wir unser Schiff verlassen, so wie Dareius seinen Schild liegen ließ.

Und auch die, die sich aus lauter Angst vor dem Gehen nicht entscheiden können, begehren nicht ausreichend. Um niemanden zu kränken, sind sie mit allem und allen einverstanden, aus Angst, irgendeine Chance zu verpassen, beziehen sie nie Stellung. Aus Angst vor Verlust versuchen sie alle zufriedenzustellen und wissen letztendlich nicht mehr, wovon sie träumen, was sie denken, nicht einmal, wie sie heißen.

Viele sind jeden Tag für eine neue Idee Feuer und Flamme und verlöschen am Abend: wie Energiesparlampen, die sich letzten Endes nur selbst aufsparen. Heute wollen sie das eine, morgen das andere, eines Tages wieder etwas ganz anderes, und letztendlich kommt ihre Idee, egal ob gut oder schlecht, nie über das Planungsstadium bzw. das Sofa hinaus.

Schauen Sie mal genau hin: Diese unentschlossenen Menschen sind immer furchtbar müde, leiden fast immer an mysteriösen Krankheiten, sind erschöpft vor Hunger und vor fehlender Entschlossenheit, ihr Leben zu ändern.

Die Argonauten trugen ihr Schiff dreizehn Tage lang durch die Wüste, um nach Hause zurückzukehren.

Wo ist unser Mut hingekommen, unsere Courage, etwas zu begehren? Courage kommt nicht von Hirn, sondern von Herz – *cor* –, wie das Wort vermuten lässt.

Auf welcher Höhe befinden sich die Sterne, die wir heute erreichen wollen, und wie groß sind die Träume, die wir zum Ausdruck bringen, wenn eine Sternschnuppe fällt? Wir selbst müssen entscheiden, welches Maß wir wählen.

Die Griechen sind wahrscheinlich das Volk, das am meisten begehrt und die größten Dinge verwirklicht hat. Den Sternbildern gaben sie immer den Namen eines Mythos.

Der Stern, der der Liebe von Jason und Medea gewidmet ist, heißt Aries, Widder, wie der mit dem Goldenen Vlies. Seine Koordinaten auf der Himmelskarte sind 03 00 00, +20° 00' 00", noch nördlicher als das riesige Sternbild des Orion.

An unserem Sommerhimmel sieht man die Sterne der Argonauten nicht: Sie sind erst ab September, den ganzen Herbst und Winter über sichtbar, bis März.

Dreitausend Jahre nach der Fahrt der Argonauten leben wir in einer Art kollektivem *Reader's Digest* – mittlerweile sind wir die vereinfachte, reduzierte, zusammengefasste Version unserer selbst.

Unser einziger Imperativ besteht darin, nie etwas zu wagen. Wir reißen keine Brücken hinter uns ab, wir verbrennen keine Schiffe, sondern häufen sie an, stapeln sie übereinander, vielleicht können wir sie doch noch einmal brauchen, vielleicht schmeißen wir mal alles hin und laufen davon.

Wir betrachten noch die Sterne, doch wir können uns in unserer Maßlosigkeit nicht mehr orientieren. Unseren Platz auf der Welt finden. Wir geben den Sternbildern nicht mehr die Namen unserer Geschichten.

Das Ziel zu erreichen erfordert Hartnäckigkeit, und vor allem dürfen wir den Gedanken nicht zulassen, dass wir scheitern könnten.

Es erfordert jede Menge Vorbereitung, aber auch eine Prise Frechheit und Naivität, wie auch Jason sie besaß: der erste Mensch in der griechischen Literatur, der über das Meer fuhr – dabei war er erst ein Junge.

Wichtig ist, dass wir – wie Alexander der Große ahnte – nie vergessen, dass der Sieg oft von einem Zündholz abhängt. Mit dem wir unsere Ängste, unser Zögern, unsere Zweifel anzünden, um sie endlich hinter uns zu lassen. Auch die Schiffe, die uns am Ufer festnageln, anstatt uns in die Ferne zu führen.

How to Abandon Ship

„Jedes Holz, das schwimmt."

Das ist die einfachste Definition von italienisch *nave,* Schiff, eines der ältesten Worte der Welt, das die Geschichte der Völker seit jeher geprägt hat. Seine indoeuropäische Wurzel ist verloren gegangen, doch sie taucht noch immer in vielen Sprachen auf. Auf Altpersisch hieß dieses „Holz" *navi,* auf Sanskrit *naus,* auf Armenisch *nav,* und am anderen Ende der bekannten Welt sagte man auf Keltisch *nau* und im Althochdeutschen *naue.*

Auf Latein heißt es *navis,* doch im griechischen Wort ναῦς *(naùs)* und seiner unregelmäßigen Deklination (an der man verzweifeln könnte, so knifflig ist sie) erkennt man alle Ungewissheiten, jedes Beben, alle Mühen, die der Aufbruch im Herzen der Menschen immer verursacht hat.

Im zweiten Buch der *Ilias* befinden sich zwischen zwei Anrufungen an die Götter mehr als zweihundert Verse (II, 494–759), die mit dem Inhalt des Epos nichts zu tun haben. Seit jeher werden sie als νεῶν κατάλογος *(neon katalogos),* als der berühmte homerische Schiffskatalog bezeichnet (und genauso lang ist die Liste der Altphilologen, die die sich darüber den Kopf zerbrochen haben).

Es handelt sich um eine genaue und vollständige Liste des achaiischen Heers, das auf dem Seeweg Troja erreicht hat. Darin finden sich die Namen der Anführer jedes einzelnen Truppenkontingents, ihre Herkunft und Abstammung, außerdem Beinamen und Mythen sowie ihre Schiffe. Auch einige Argonauten und viele ihrer Söhne scheinen hier auf.

Auf diese Liste folgt eine kürzere Aufzählung der Schiffe der Trojaner und ihrer Verbündeten.

Es ist nicht zu übersehen, dass Homer die Helden, die am Fuße der Mauern von Troja Geschichte schrieben, mithilfe des *Holzes* beschrieb, auf dem sie unterwegs waren.

Die Liste der Schiffe entspricht genau dem vollständigen Verzeichnis der Personen der *Ilias* und der *Odyssee* und fast der ganzen griechischen Literatur danach. Hier lesen wir zum ersten Mal die Namen Menelaos, Odysseus, Agamemnon, Nestor, Ajax und aller anderen Krieger.

Untrennbar mit den Helden verbunden sind die Schiffe, mit denen sie übers Meer fuhren, kurz bevor sie sich zum ersten Mal der Welt präsentierten. Nicht nur, weil ihre Schiffe ihr ganzer Besitz sind, sondern weil sie vielmehr ihre Schiffe sind. In Troja sind die Schiffe ihr einziges Zuhause und die einzige Chance, eines Tages nach Hause zurückzukehren.

Mit einem spektakulären Resultat: Homer zählt 29 Mannschaften mit 46 Anführern auf insgesamt 1.186 Schiffen auf. Wenn wir davon ausgehen, dass sich durchschnittlich 120 Männer auf einem Schiff befanden wie auf jenem aus Böotien, ergibt das eine Summe von 142.320 Soldaten aus 164 Orten des antiken Griechenland.

Wenn wir heute die vielen Schiffe und Soldaten von oben sehen könnten, die am Strand von Troja an Land gingen, hätten wir eine schöne Karte in der Hand, auf der eingezeichnet ist, was es früher einmal bedeutete, wirklich Grieche zu sein.

Vor diesen zahlreichen Helden hatten nur die Argonauten das Meer überquert.

Der Schiffskatalog der Argonauten ist schnell erstellt: eines. Die Argo.

Das erste von Menschen gebaute Schiff, das erste Schiff der Geschichte, das aus einem Hafen auslief.

Die Fahrt der Argonauten hat Menschen aller Epochen verzaubert, vom Mittelalter bis zur Gegenwart.

Seit 1382 taucht der Begriff *Argonauten* als Synonym von Mannschaft, Solidarität und freundschaftlichem Zusammenhalt immer wieder auf, damals nannte sich ein Geheimorden in Neapel *Orden der Argonauten*. Ihm war nur ein kurzes, aber intensives Leben beschieden.

Die Konferenz von Yalta gegen Ende des Zweiten Weltkriegs trug den Codenamen Argonaut.

Beim Sport kenne ich mich nicht so gut aus, ich weiß nur, dass die *Toronto Argonauts* das älteste Profisport-Team Nordamerikas sind. Es wurde 1873 gegründet und der Name hat sich nie geändert (von nun an ist das meine Lieblingsmannschaft).

Vier Schiffe der englischen Marine, der Royal Army, heißen *Argonauts*, das erste wurde 1782 und das letzte 1993 vom Stapel gelassen.

Die französische Flotte hingegen besaß drei Kreuzer, die nach den Helden benannt waren, sie befuhren zwischen 1794 und 1910 die Meere.

Unzählige Lastschiffe sind im Augenblick von der Südsee in den Norden unterwegs, an ihrem Bug befindet sich in salzresistentem Bootslack der Name jenes Schiffes, auf dem vor langer Zeit Jason und Medea unterwegs waren.

Und *last but not least* hieß eine von dem amerikanischen Ingenieur Simon Lake gebaute U-Boot-Klasse *Argonaut*: zu Ehren des ersten Schiffes, der Argo.

1919 wurde in den Docks von Philadelphia ein Frachtschiff vom Stapel gelassen, wie viele andere Frachter transportierte es Waren über den Atlantik.

Im Lauf der Jahre wechselte das schwarz-elfenbeinfarbene Schiff oft Namen und Flagge, je nachdem, wie die internationale Transportfirma hieß, in deren Auftrag es den Ozean überquerte.

1941 hieß das Schiff schließlich *Robin Moor* und transportierte (laut Behörden) im Auftrag der New Yorker Seas Shipping Co. allgemeine Handelsgüter, auf dem Weg nach Mozambique passierte es Kapstadt.

Neben 450 Autos, Gleisen, die für die Eisenbahnen der Neuen Welt bestimmt waren, Geräten, Landwirtschaftsmaschinen, Fässern mit 48.000 Gallonen Schmiermittel, Schießpulver und Jagdgewehren hatte die *Robin Moor* auch 46 menschliche Wesen an Bord: 9 Offiziere, 29 Besatzungsmitglieder und 8 arme Zivilisten, die sich eine Überfahrt in einer viel bequemeren dritten oder vierten Klasse eines Passagierschiffs nicht leisten konnten.

Obwohl die *Robin Moor* unter der Flagge eines im Zweiten Weltkrieg neutralen Staates fuhr, wurde sie am 21. Mai 1945 750 Meilen vor dem englischen Hafen Freetown in Sierra Leone von einem deutschen U-Boot, einem U-69, angeschossen.

Die deutschen Soldaten beschlagnahmten die geladenen Waffen, und nachdem sie die Passagiere einen Tag lang als Geiseln gehalten hatten, überließen sie das angeschossene Schiff seinem Schicksal im offenen Meer.

Sie ließen es sich jedoch nicht nehmen, den Überlebenden vier Schachteln mit Schwarzbrot und zwei Butterdosen zuzuwerfen – eine ironische Geste, über die allenfalls die Nachwelt lachen kann.

Allen Zeugen wurde verboten, die genaue Position des Schiffes durchzugeben. Man wollte das Ganze als Schiffbruch ausgeben. So was passiert nun mal auf dem Meer, oder nicht?

Nachdem die *Robin Moor* 22 Jahre lang friedlich Traktoren und Wein, tropische Früchte, schwarzen Kaffee und Haute Couture aus Paris transportiert hatte, versank sie innerhalb von vierundzwanzig Stunden im Bereich des Wendekreises des Krebses.

Alle, die an Bord waren, mussten notgedrungen das Schiff verlassen. Der Kapitän, W. E. Myers, ließ gemeinsam mit den Passagieren die vier Rettungsboote zu Wasser, die das Frachtschiff besaß.

Zuerst band der Kapitän die Rettungsboote aneinander, als wolle er verzweifelt die Stabilität der *Robin Moor* wiederherstellen. Mit vier Nussschalen, die zu einem Boot aneinandergebunden waren, wollte er die brasilianische Küste erreichen bzw. den halben Atlantik überqueren.

Doch natürlich funktionierte diese Strategie nicht. Am 26. Mai gab es nur noch zwei Rettungsboote mit Schiffbrüchigen, die sich den Strömungen des offenen Meeres überließen.

Sie wussten nicht, welche Route sie nehmen sollten. Sie konnten nicht auf Hilfe hoffen, und im Umkreis von Tausenden Meilen befand sich kein Hafen.

Am 8. Juni, nachdem das Rettungsboot mit Kapitän Myers und 10 Besatzungsmitgliedern an Bord bereits 18 Tage auf dem offenen Meer zugebracht hatte, wurde es vom brasilianischen Frachter *Osório* entdeckt, und die Überlebenden wurden unversehrt in den Hafen von Pernambuco gebracht.

Als man sie fragte, ob es Chancen gäbe, auch das zweite Schiff zu bergen, das die Katastrophe überstanden hatte, schwiegen alle und starrten auf die glatte Fläche des Meeres.

Tatsächlich galt die *Robin Moor* auf der ganzen Welt als verschollen. Von einem Torpedo getroffen. Untergegangen.

Am Tag darauf lautete die Schlagzeile der *New York Times*: *Es gibt so gut wie keine Hoffnung, die anderen Schiffbrüchigen zu finden.*

Am 13. Juni berichteten zwei Bauern aus Connecticut der amerikanischen Marine, sie hätten über Funk gehört, dass ein U-Boot mit acht Überlebenden an Bord in Italien gelandet sei. Die Nachricht erwies sich jedoch als falsch.

Alle Schiffbrüchigen galten mittlerweile als tot. Die Suche wurde eingestellt, am Festland begann man sie zu betrauern.

Am 18. Juni 1941 landete das Frachtschiff *City of Wellington* in Südafrika.

Abgesehen von der Fracht gingen auch die 35 vermissten Überlebenden an Land. Weltweit sprachen die Zeitungen von einem Wunder: Die ganze Mannschaft und alle Passagiere der *Robin Moor,* die am 22. Mai mitten im Atlantik von einem Torpedo getroffen worden und untergegangen war, hatten überlebt.

Kaum ein Jahr nach diesem Schiffbruch, im Juni 1942, veröffentlichte John J. Banigan, der dritte Offizier der *Robin Moor,* gemeinsam mit dem Schriftsteller Phil Richards in der New Yorker Cornell Maritime Press den Ratgeber *How to Abandon Ship.*

In diesem Buch, das mit vielen Zeichnungen und einigen Fotos ausgestattet ist, die vom Rettungsboot aus auf offenem Meer geschossen wurden, spricht Banigan in knappen Worten über seine Erfahrungen als Überlebender. Sie scheinen ihn allerdings gar nicht sehr zu interessieren.

Viel wichtiger scheint es ihm vielmehr auszuführen, wie, wann und warum es notwendig ist, von Bord zu gehen, um zu überleben.

Anders als erwartet ist in den kurzen Kapiteln kaum von einer Katastrophe die Rede. Ganz im Gegenteil. In einem präzisen und ironischen Tonfall erinnert der Autor daran, wie wichtig es ist, mitten auf dem Meer die gute Laune zu bewahren, dass man wahren Durst von falschem unterscheiden soll, der sich Angst oder Sehnsucht nennt, dass man Musik machen oder einen Schluck

Whisky trinken soll, um die Laune zu heben, dass man sich, zumindest in Gedanken, mit Freunden umgeben soll.

Mit chirurgischer Präzision beschreibt der Autor des Ratgebers, der einen Schiffbruch überlebt hat, den heikelsten Augenblick: Wenn man das Rettungsboot ausschwingt – auf Englisch *swinging out*, wie eine Jazzballade –, und das eigene Schiff und alle Gewissheiten zurücklässt.

Ein kategorischer Imperativ: sich nie umdrehen und schauen, was hinter einem passiert, auf jeden Fall der Versuchung widerstehen, wieder an Bord zu gehen, ja nichts einsammeln, was unter Umständen aus dem Wasser auftaucht.

Auf der Rückseite des 1942 erschienenen Buches steht:

How to Abandon Ship *beruht auf Interviews mit der Besatzung und dem Kapitän eines versenkten Schiffes, die neunzehn Tage in einem Rettungsboot in rauer See und unter tropischer Sonne überlebten.*

Es erklärt in einfacher und klarer Sprache, wie man auf offenem Meer ein Rettungsboot zu Wasser lässt und wie man sich von einem untergehenden Schiff entfernt.

Es erklärt, wie man sich im Falle eines Torpedotreffers verhält, wie man Kälte, Hunger, Durst, Stürme und Verletzungen übersteht.

Es ist ein einzigartiges praktisches und überzeugendes Buch; die Autoren sind keine Marine-Experten, sondern zwei Überlebende eines Schiffbruchs, die nur eine Absicht haben: Ihnen das Leben zu retten.

Es sollte von allen Männern und Frauen gelesen werden, die von Bord gehen wollen oder müssen.

Das kleine Büchlein, auf dessen hübschem Cover ein violettes Schiff zwischen dem Meer und einem beigen Himmel untergeht, wurde in einem einzigen Jahr mehrere tausend Male verkauft und erlebte zehn Neuauflagen. Ein wahrer Verkaufsknüller.

In den Vierzigerjahren konnten sich nur sehr wenige Menschen diesseits und jenseits des Atlantiks einen Flug leisten, deshalb konnte ein Überlebensratgeber unter Umständen nützlich sein (ähnlich wie die vielen Selbsthilferatgeber, die heute die Regale der Buchhandlungen füllen).

Doch waren wirklich alle Leser dieses Ratgebers zukünftige Matrosen eines Frachtschiffs, hatten sie die Absicht, während des Krieges eine florierende interkontinentale Import-Export-Firma zu gründen?

Oder waren es einfach gewöhnliche Leser, die in ihrem Leben nie einen Fuß auf ein Schiff setzen würden, ja, das Meer vielleicht noch nie gesehen hatten, Leser wie wir alle, die eine Heidenangst davor hatten, das eigene Schiff verlassen zu müssen, um sich vor persönlichen Schiffbrüchen zu retten?

Ich habe *How to Abandon Ship* auf allen Reisen bei mir, das originale Cover aus dem Jahr 1942 ist völlig zerfetzt, weil ich es in so viele Koffer und Taschen gesteckt habe, es hat auf vielen Nachtkästchen auf mich gewartet. Auch jetzt liegt es neben mir auf dem Schreibtisch, ein komplizenhaftes Jahrbuch und stummer Zeuge all dessen, was mir zugestoßen ist, bevor ich es entdeckte.

> *Da mihi, si quid ea est, hebetantem pectora Lethen,*
> *obliuts petero non esse mane tui.*

> Gib mir, sofern es sie gibt, die Wasser der Lethe, die
>   Vergessen schenken,
> doch nicht einmal so werde ich die Kraft haben, dich zu
>   vergessen.[*]

---

[*] Ovid, Epistulae ex Ponto, IV

Die Nostalgie ist so stolz, auch wenn sie schmerzt, ist sie erhaben, einzigartig.

Nicht einmal die Wasser Lethes, des mythologischen Flusses, der jede Erinnerung tilgt und Erleichterung und Vergessen schenkt, kann, wie Ovid schreibt, etwas gegen sie ausrichten.

Der Wunsch, in ein Haus, zu einem Menschen zurückzukehren, ist vielleicht das stärkste und schmerzhafteste Gefühl, das ein Mensch empfinden kann.

Nostalgie bedeutet Abwesenheit, Unvollständigkeit, mitunter krampfen sich Herz und Magen zusammen.

Körperliches Unbehagen und tiefe Traurigkeit: Genau das bedeutet das Wort, von dem man glauben könnte, es sei griechischen Ursprungs. Es wurde jedoch erst 1688 von einem Medizinstudenten geprägt, der die griechischen Begriffe νόστος (*nòstos* = Rückkehr) und ἄλγος (*àlgos* = Schmerz) zusammenfügte.

Nostalgie ist die krampfhafte Verteidigung der Liebe mithilfe der Kraft der Gedanken, ein Geisteszustand, den man nicht aufgeben will. Man wartet ewig auf eine Umarmung oder einen Kuss.

Ihr zuliebe bewahren wir Teile unseres Selbst, die glauben, dass es diese Umarmung oder diesen Kuss tatsächlich geben wird.

Solange man nach jemandem Sehnsucht empfindet, ist man nie völlig allein.

Die Nostalgie kann eine Freundin sein, manchmal eine Komplizin, doch immer ist sie eine tröstliche Gefährtin, auch wenn sie manchmal im Weg steht.

Monatelang stellen wir uns vor, was passieren wird, wenn es denn passiert.

Und wenn es passiert (denn irgendwann passiert es immer, deshalb ist die Nostalgie so kostbar), tragen wir diesen Augenblick schon in uns.

Die Nostalgie ist einzigartig und sogar im Schmerz vital, denn bevor wir zu etwas oder zu jemandem zurückkehren, müssen wir es oder ihn kennen. Wir müssen es oder ihn sehr geliebt haben. Und deshalb müssen wir die Route, die Richtung kennen, die zu ihm zurückführt, egal wie gefährlich oder riskant sie auch ist.

Die Nostalgie ist also ein Gedanke, der fähig ist, zur Tat zu werden.

Sie ist der unerfüllte Wunsch zurückzukehren, der *nach und nach, aber oft*, wie Proust schrieb, laut fordert, erhört zu werden.

Wenn uns jemand so sehr fehlt, dass es weh tut, wachen wir eines Morgens auf und machen uns auf die Suche nach ihm, das ist sicher.

Oder umgekehrt kehrt diese Person zu uns nach Hause zurück.

Kümmern Sie sich also um ihre Nostalgien, hätscheln Sie sie, freuen Sie sich über sie.

Es bedeutet, dass Sie den Mut haben, sich für das Glück zu entscheiden, den Mut zu lieben und zu reisen.

Von der Nostalgie lernen Sie die schwierige Kunst des Wartens, denn die Liebe kennt nur eine einzige Zeit, die von keiner Uhr angezeigt wird.

Und erfreuen Sie sich schließlich an dem einzigartigen Augenblick des erneuten Aufbruchs. Stechen Sie in See, wenn Ihre Nostalgie unerträglich wird, egal wo Sie sind.

Kehren Sie wieder einmal nach Hause zurück.

Lieben Sie wieder einmal.

Es gibt keine starre oder faule Nostalgie. Es gibt jedoch falsche Nostalgien. Und wenn sie falsch sind, tragen sie auch einen anderen Namen.

Ich meine die Wahrnehmungen, die entstehen und gären, wenn man sich verirrt, wenn man sich in der Welt und in sich selbst verliert.

Die falsche Nostalgie, ein trügerisches Spiegelkabinett, ist nichts anderes als der Wunsch, zwar nach Hause zurückzukehren, jedoch in ein Zuhause, das man nie gekannt hat.

Oder zu jemandem, den man nie wirklich geliebt hat.

Sie ignoriert das wahre Gefühl und die wahre Bedeutung des νόστος *(nostos)*, der Rückkehr, denn wenn man nie aufgebrochen ist, gibt es auch keine Rückkehr.

Stattdessen beschert sie den Menschen nur ἄλγος *(algos)*, Traurigkeit und Schmerz.

Sie ist nicht der Wunsch, Unbekanntes zu entdecken, sondern der Schmerz, den der Mangel an Unbekanntem in uns auslöst.

Dann bleibt nur eine gleichzeitig fröhliche und wütende Resignation über.

Sie ist noch kläglicher als die Schuldgefühle und die Fehler, die uns an diesen Punkt gebracht haben.

Dieser Geisteszustand ist nicht Nostalgie. Er ist Kapitulation, Feigheit – eine Beleidigung des Lebens und des Heldentums, das die Griechen in uns Menschen erweckt haben.

Es gibt zwei aussagekräftige Worte aus anderen Sprachen, die gut den Sumpf beschreiben, den wir mit einem Meer verwechseln und in dem wir oft zappeln, wenn wir uns an unsere Ausreden *Ist doch alles einerlei* oder *Man muss sich zufriedengeben* klammern, bis wir Verrat an uns selbst begehen und ständig *So bin ich nun mal* wiederholen. Dabei sagen Jason und Medea uns, dass wir dafür gemacht sind, uns auf Reisen zu begeben und zu versuchen, Helden in unserem Leben zu sein und nicht Feiglinge, die jeden Morgen nachschauen, ob ihr Schiff noch sicher am Kai vertäut ist, damit sie nie aufbrechen müssen.

Das eine Wort ist das deutsche *Fernweh*, die Sehnsucht nach Orten, an denen man nie gewesen ist, und wohin man auch nie fahren wird, weil einem der Mut dazu fehlt.

Es eignet sich perfekt für unsere Fluchten, bei denen wir uns nicht vom Fleck rühren, für alle Ziele, die auf uns warten, für den Wendepunkt, an dem wir stehenbleiben und schnell wieder umkehren.

Das andere Wort habe ich aus Zufall in meiner zweiten Sprache, dem Bosnischen, entdeckt. Als *čežnja* bezeichnet man den abstrakten Schmerz, den man empfindet, wenn jemand, den man sehr geliebt hat, nicht mehr da ist, und wir wissen, dass er auch nicht mehr in unser Leben zurückkehrt.

Das ist ein derart heftiger Schmerz, dass man ohne diese Person nicht mehr atmen, geschweige denn leben kann.

Das ist die „Sehnsucht nach dem Unmöglichen", die gefährlichste und untröstliche Nostalgie, aufgrund der wir die Augen vor jedem neuen Horizont verschließen, auf immer unseren Hafen dichtmachen und unser Herz einmauern.

Sie veranlasst uns, *nie wieder* zu sagen, obwohl wir doch bis zu unserem letzten Tag nur *noch einmal* sagen sollen und auch können.

Wie viele andere Menschen habe auch ich in meinem Leben Schiffbruch erlitten – nicht im Ozean, sondern in den vielen Meeren in mir, die ich befahren habe.

Ich bin oft gescheitert, musste von Bord gehen, denn das war die einzige Möglichkeit, mich vor einer endgültig verlorenen Vergangenheit zu retten und noch einmal den Wunsch nach einer neuen Gegenwart zu verspüren.

Natürlich habe ich auch das Gegenteil erlebt.

Hin und wieder war ich das verlassene Schiff.

Auch in diesem Fall bin ich aufs Neue ausgelaufen, habe meinen Hafen, mein kleines *Holz* neu gebaut und eine Route in Richtung eines neuen Ziels ausgemacht. Noch heute frage ich mich, wie mir das trotz der vielen Tränen gelungen ist. Doch das ist die ruhmreiche menschliche Natur: *Eines Tages wird es gelingen.* Die Kraft, sich gehenzulassen, kommt von der Fähigkeit, sich zu lösen.

Deshalb liebe ich die *Fahrt der Argonauten* so sehr, die für mich nicht einfach das Epos einer Reise ist, sondern ein Bildungsroman, der vom Erwachsenwerden erzählt. Aufgrund dieser Bedeutung ist sie unsterblich, zeitlos, universal geworden.

Und deshalb habe ich mich auch in *How to Abandon Ship* verliebt, in dem ich dieselbe Botschaft entdeckte.

Die Seiten dieses Ratgebers sind immer da, um mich als ein Memento daran zu erinnern, dass es im Falle des Scheiterns immer eine Lösung gibt: von Bord zu gehen, um nicht mit dem untergehenden Schiff unterzugehen.

Das Schiff gehen lassen, um mit dem Leben weiterzuziehen.

Wenn man wirklich liebt, muss man sich gehen lassen, sich im anderen verlieren, bis man vergisst, wie spät es ist, welcher Tag, welche Jahreszeit ist.

Wenn man zu der Reise aufbricht, die jede Liebesgeschichte darstellt, müssen wir uns gehen lassen und gleichzeitig Brösel verstreuen.

Die besten, die schönsten.

Goldbrösel. Herzbrösel.

Und wenn die Liebesgeschichte eines Tages zu Ende geht, wenn die Person, die wir lieben, geht oder wenn wir gehen, wenn wir also aus irgendeinem Grund unser Schiff verlassen müssen, müssen wir ihm – wie die Argonauten wissen – unendlich dankbar sein.

Wir haben das seltene Vorrecht genossen, wirklich geliebt, das Beste von uns gegeben zu haben, das immer im anderen bleiben wird.

Wer uns liebt, holt das Beste aus uns heraus, wo auch immer er es entdeckt.

Nie das Schlechteste.

Wenn wir richtig geliebt haben, haben wir nichts verloren, im Gegenteil.

Wir sollten allen ein wenig von unserem Herzen geben, davor müssen wir keine Angst haben.

Selbst im Falle eines Schiffbruchs wächst es größer nach, denn auch der andere, der uns geliebt hat, hat etwas von sich in uns zurückgelassen.

Ich bin von meinen Reisen zurückgekehrt, ich bin zur See gefahren, um meine Fröhlichkeit zu errichten, liest man in Pablo Nerudas Casa de Isla Negra, im Osten von Santiago del Chile. Er hat es mit seiner Schrift eines stets Kind gebliebenen Dichters ins Holz eingeritzt.

Das war in ferner Vergangenheit auch das Motto Jasons und Medeas, die vor Freude lachten, als sie in Pagase landeten.

Auch wir sollten so lächeln, wenn wir in unser inneres Iolkos zurückkehren.

Besser sich verirren, als sich nie zu finden.

Besser viel gereist sein, als ein Leben lang in einem Hafen gelebt zu haben und sich nach dem Meer zu sehnen.

Vor allem sollte man sagen können, man sei glücklich gewesen.

Wie die Argonauten, die frohgemut nach Hause zurückkehrten.

Bibliografie

Ich habe wunderbare Reisen an Bord eines einzigen Wortes unternommen, schrieb Honoré de Balzac.

Für Sie, die Sie Reisende auf dem Festland sind, gebe ich hier eine kleine Liste von Texten wieder, mit denen ich gereist bin, manchmal in ruhigen Gewässern, manchmal inmitten von Winden und Stürmen (in diesen Phasen habe ich das meiste gelernt), um dieses Buch zu schreiben.

Einige Bücher sind aus den Kisten aufgetaucht, mit denen ich nach meiner Promotion von Stadt zu Stadt gereist bin: Es war eine riesige Freude, sie nach Jahren wiederzufinden, ein wahrer νόστος *(nòstos)* in jene Zeit, als ich versuchte, allein mithilfe des Antiken groß zu werden

Andere waren hingegen ein neuer Hafen und zugleich ein neues Ziel.

Der griechische Originaltext, auf den ich mich beziehe, findet sich in Apollonios de Rhodes, *Argonautiques*, hrsg. und kommentiert von Francis Vian, übers. von Èmile Delage, Paris 2009.

Von *How to Abandon Ship* gibt es eine neuere Paperbackausgabe: Phil Richards, John J. Banigan, *How to Abandon Ship,* London 2016.

Eine wunderbare italienische Übersetzung der Reise Jasons und Medeas (mit griechischem Originaltext daneben) findet sich in Apollonio Rodio, *Argonautiche,* hrsg. von Alberto Borgogno, Mailand 2003.

Die Quelle meiner etymologischen Exkurse ist *L'Etimologico. Vocabolario della lingua italiana* von Alberto Nocentini (unter Mitarbeit von Alessandro Parenti), Florenz 2010.

Ein ebenso gelehrtes wie leicht zu lesendes Buch, das laut *New York Times* auf jedem Nachtkästchen liegen sollte, ist *The Classical Tradition,* hrsg. von Anthony Grafton, Glenn W. Most und Salvatore Settis, Cambridge, Mass. 2013.

Professor Most, der an der Scuola Normale Superiore di Pisa Altphilologie lehrt, habe ich es zu verdanken, dass ich dieses Buch entdeckt und lieben gelernt habe, er hat mich ermutigt, mein Buch zu schreiben. Ich möchte ihm an dieser Stelle für seine geduldige Hilfe, seine fulminanten Ideen und vor allem für seine Ironie danken. Aus diesem hervorragenden Werk stammen die außergewöhnlichen und witzigen Details der antiken Welt, die ich erzähle, menschliche Antworten, die ich immer gesucht hatte.

Anbei noch eine kurze Liste von Fachpublikationen, die ich konsultiert habe.

Louis Bardollet, *Les Mythes, les dieux et l'homme. Essai sur la poésie homérique,* Paris 1997.
François Hartog, *Mémoire d'Ulysse. Récits sur la frontière en Grèce ancienne,* Paris 1996.
François Jouan, *Euripide et les légendes des «Chants Cypriens». Des origines de la guerre de Troie à l'«Iliade»,* Paris 2009.
Alexandra K. Zervou, *Ironie et parodie. Le comique chez Homère,* Athen 1990.

Die deutschen Übersetzungen der Zitate stammen aus:
Apollonios von Rhodos, *Die Fahrt der Argonauten*. Griechisch/Deutsch. Hrsg., übers. und kommentiert von Paul Dräger, Stuttgart 2002.
Platon, *Gastmahl,* übers. von Franz Susemihl, Hofenberg Sonderausgabe, S. 667.
Fernando Pessoa, *Das Buch der Unruhe*, übers. und mit einem Nachwort von Georg Rudolf Lind, Zürich 1985, S. 146.
Publius Ovidius Naso, *Metamorphosen – Verwandlungen*, 6. Buch, übers. in https://www.gottwein.de/Lat/ov/met06de.php)
Publius Ovidius Naso, *Briefe aus der Verbannung. Tristia – Epistulae ex Ponto,* Buch IV, übers. von Wilhelm Willige. Eingeleitet und erläutert von Niklas Holzberg,, Frankfurt am Main 1993.
Pindar, *Vierte Pythische Ode*, 303–309, übers. von Dr. Hartung, zit. nach Jahresbericht des Königl. Preuß. Gymnasiums zu Schleusingen, 1854. https://archive.org/details/pindarsivpythisc00pinduoft/page/n1/mode/2up
Marcel Proust, *Auf der Suche nach der verlorenen Zeit*, Band 1, Auf dem Weg zu Swann, übers. von Bernd-Jürgen Fischer, Stuttgart 2014.
Publius Vergilius Maro, *Aeneis*, 6. Buch, 126–129, übers. in https://www.gottwein.de/Lat/verg/aen06de.php

Die Drucklegung erfolgte mit freundlicher Unterstützung durch
die Abteilung für deutsche Kultur in der Südtiroler Landesregierung.

TransferBibliothek CLI

Die Originalausgabe ist 2018 bei Mondadori Libri S.p.A., Milano, unter dem Titel *La misura eroica* erschienen.
© 2018 Mondadori Libri S.p.A., Milano

Covergestaltung: Dall'O & Freunde unter Verwendung von Motiven aus Mauritius Images und Adobe Stock

Die Karte stammt aus der italienischen Originalausgabe. Mit freundlicher Genehmigung.

Die deutschen Zitate aus Apollonios von Rhodos stammen aus ders.: *Die Fahrt der Argonauten*, übersetzt und kommentiert von Paul Dräger, Reclam, Stuttgart 2002, 2019.

Lektorat: Susanne Eversmann

© der deutschsprachigen Ausgabe
FOLIO Verlag Wien • Bozen 2020
Alle Rechte vorbehalten

Grafische Gestaltung und Umschlag: Dall'O & Freunde
Druckvorbereitung: Typoplus, Frangart
Printed in Europe

ISBN 978-3-85256-814-0

www.folioverlag.com

E-Book ISBN 978-3-99037-108-4

Rumiz sucht nach den Wurzeln eines barmherzigen Europas – und findet sie bei den Benediktinern.

Der Wanderer Paolo Rumiz spürt den Jüngern des heiligen Benedikt von Nursia, dem Schutzpatron Europas, nach. Er besucht sie in ihren Abteien im Veneto, in der Lombardei, in Südtirol, in der Schweiz und in der Normandie, in Bayern, Belgien, Niederösterreich und Ungarn.

„**Das Mönchtum war stets von einem Hauch Gegenkultur durchdrungen und stand im stummen Widerspruch zur herrschenden Ordnung.**"
La Repubblica

WIEN · BOZEN

Übersetzung Karin Fleischanderl

Gebunden: ISBN 978-3-85256-805-8
E-Book: ISBN 978-3-99037-105-3

WWW.FOLIOVERLAG.COM